日本語文法演習
自動詞・他動詞、使役、受身
ーボイスー

安藤節子
小川誉子美
✚著

スリーエーネットワーク

©2001 by ANDO Setsuko and OGAWA Yoshimi

All rights reserved. No part of this publication may be reproduced, stored in a retrieval system, or transmitted in any form or by any means, electronic, mechanical, photocopying, recording, or otherwise, without the prior written permission of the Publisher.

Published by 3A Corporation.
Trusty Kojimachi Bldg., 2F, 4, Kojimachi 3-Chome, Chiyoda-ku, Tokyo 102-0083, Japan

ISBN978-4-88319-192-5 C0081

First published 2001
Printed in Japan

はじめに

　このシリーズは、上級レベルの日本語を適切に産出するために、文法をわかりやすく整理・説明し使い方の練習をするものです。
　日本語の基本的な構造に深くかかわる文法項目（自動詞・他動詞、敬語、条件表現、時間の表現、指示詞、文末表現、助詞など）については、初級段階で一通り学びますが、中上級に至っても学習者から「使い方がよくわからない」という声がしばしば聞かれます。中上級では、これまで表現文型を指導するための努力が積み重ねられ教材も整ってきましたが、文の構造にかかわる文法項目については学習者の習得にゆだねられてきたような面があります。上級においてもそのレベルに応じた文法が必要です。それらを実例の文脈の中で積極的に学習し現場で使える教材を提供していきたいと考えています。
　学習者はもとより指導する立場の方々にも、文法は学習目標というより「便利な道具」であることをお伝えできれば幸いです。

　本書は、上記文法項目のうち「自動詞・他動詞、使役、受身」といったいわゆるボイスを扱っています。基本的な形と意味・機能を把握した後、文脈での使い方や類似表現との使い分けを学びます。例えば、
　　・新しいパンフレットが欲しいとき、主催機関などに「いつ出ますか」とは聞くが、「いつ出しますか」とは言いにくい。それはどうしてか。
　　・「車を止める」と「車を止めさせる」では、話者の捉え方はどう違うか。
　　・いつ受身文を好んで使うのか、あるいは使わない方が自然なのはどんな文脈か。
このようなことについても見ていきます。
　内容が「腑に落ちる」ように、文法規則を最初に示すのではなく、使う人もルールを導きながら考えるという手法をとっています。流れとしては、概ね「典型」から「拡張」へという構成になっています。具体的な用法を見て理由を考え、最後に実際に使われている文（生の文章）に即して練習をします。

　本書は、1996年から作成し、専修大学国際交流センターと横浜国立大学留学生センターで使用してきたものです。
　汎用化するに当たって、益岡隆志先生にご助言を頂きました。角田太作先生、杉本和之先生、坂本まり子さん、佐々木薫さん、田口典子さん、角田三枝さんからも貴重なコメントを頂きました。授業の中で学習者から教わったこともたくさんあります。また、編集の立場から佐野智子さん、萩原弘毅さん、堤由子さんに原稿を丁寧に見ていただきました。ここにお礼を申しあげます。

この本を使う方へ

Ⅰ. 目　的

a. 上級学習者の方へ

　現在日本語を学習している方（上級レベル）の中には、微妙なニュアンスや気持ちを伝えたい、その場にふさわしい表現をしたいと思いつつも、あいまいなままに使ったため、思わぬ印象を与えてしまったという経験のある人は多いと思います。

　本書では、自動詞・他動詞、使役、受身という3つの文法項目を学習します。それぞれの文法項目について体系的に知識を深めるとともに、より豊かな表現をめざす上級レベルの方に、必要な用法を選びました。この3つの文法項目についてルールを発見しながら、微妙な使い方ができるようになることを目的にしています。

b. 日本語を教える方へ、日本語教師養成課程で学ぶ方へ

　将来、日本語を教えてみたいと考えている人、また、日本語教師養成課程で学ぶ人にも、次のような目的で使っていただけます。

　　1　わかりやすく、しかも体系的な説明を知りたい
　　2　運用力向上にむすびつく文法教育の方法を知りたい

Ⅱ. 構　成

a. ウォームアップ

・今までの学習でなんとなく知っていることについて、それが確かなものかどうか考えてみます。その項目について、より適切な使い方ができるようになりたいという動機づけの部分です。

b. 形と意味・機能 、 使い方 、 発展

・「問」「まとめ」「練習」という流れで進んでいきます。
・「問」に答えながら、どのようなルールがあるのかを考えます。ここで引き出したルールを、「まとめ」で整理します。それにもとづいて、「練習」をします。
・「使い方」は基本的なもの、「発展」以降には、レトリック、書き言葉を中心とした文体に関するものも含まれます。

c. 総合練習

- 主として生の文章の中で練習します。社会、文化背景に対する知識を提供するもの、ことわざなども含まれます。いずれも、文体を考慮しながら、表現を学びます。
- クラスでは、本書で学んだ知識を生かしながら、内容の理解を深めたり、文体を味わうなど、興味に応じて使うことができます。

d. 総合演習（自動詞・他動詞、(さ)せる、(ら)れる）
- 3つの文法項目を適切に使い、さらにうまく使い分けることによって、微妙なニュアンスを表現する力を身につけたかどうか確認するものです。

e. ちょっと一息
- 本文では触れていない、より深い知識を得たい人、日本語の研究に関心がある人は、是非読んでください。

Ⅲ. 使い方

a. **上級文法に自信がない人**は、
　ウォームアップ → 形と意味・機能 → 使い方

b. **自信がついた人**は、さらに、
　→ 発展 以降、→ 総合練習

c. **余力のある人**は、さらに
　→ 総合演習 → ちょっと一息

d. **日本語教育にたずさわる人**は、
　ウォームアップ → 形と意味・機能 → 使い方 → 発展 → 総合練習
　→ 総合演習 → ちょっと一息

★ 学習時間
- 「使い方」で示した学習目的などによって異なりますが、次の時間数を目安にしてください。
　　「自動詞・他動詞」「(さ)せる」：50分授業で3～5回、90分授業で2～3回
　　「(ら)れる」　　　　　　　　：50分授業で5～7回、90分授業で3～4回

目　次

はじめに ……………………………………………………………………… iii
この本を使う方へ …………………………………………………………… iv
目次 …………………………………………………………………………… vi

1　自動詞・他動詞
ウォームアップ ……………………………………………………………… 2
Ⅰ．自動詞・他動詞の形と意味・機能 …………………………………… 4
Ⅱ．使い方 …………………………………………………………………… 7
Ⅲ．発展1　慣用的表現など ……………………………………………… 12
Ⅳ．発展2　形が似ている動詞 …………………………………………… 16
Ⅴ．総合練習 ………………………………………………………………… 18

2　（さ）せる（使役）
ウォームアップ ……………………………………………………………… 25
Ⅰ．「（さ）せる」の形と意味・機能 ……………………………………… 26
Ⅱ．使い方 …………………………………………………………………… 33
Ⅲ．発展 ……………………………………………………………………… 37
Ⅳ．総合練習 ………………………………………………………………… 40

3　（ら）れる（受身）
ウォームアップ ……………………………………………………………… 45
Ⅰ．「（ら）れる」の形と意味・機能 ……………………………………… 46
Ⅱ．使い方 …………………………………………………………………… 51
Ⅲ．発展 ……………………………………………………………………… 58
Ⅳ．総合練習 ………………………………………………………………… 64

総合演習（自動詞・他動詞、（さ）せる、（ら）れる） ………………… 72
参考文献など ………………………………………………………………… 79

日本語文法演習
自動詞・他動詞、使役、受身
-ボイス-

① 自動詞・他動詞

ウォームアップ

Ⅰ．次の文に間違いや不自然なところがあったら直してください。理由も考えてください。
例．レポートのテーマ、早く決まりたいんです。
　　　　　　　　答え：決めたい　　理由：Ⅱ使い方　問3　参照
1．私の家と隣の家は20キロも離してある。
2．涙が流れながら、つらい経験を語った。
3．「さあ、どうぞ。ご飯を作りましたよ」
4．「新しいパンフレットが欲しいんですが、いつ出しますか」
5．子供の頃、おもちゃがよく壊れて、母親に注意されたものだ。

上の1．～5．の動詞の対の形を、例のように書いてください。
　　　例．（人が）～を（決める　　）／　～が（決まる　　）
　　　1．（人が）～を（離　　　　）／　～が（離　　　　）
　　　2．（人が）～を（流　　　　）／　～が（流　　　　）
　　　3．（人が）～を（　　　　　）／　～が（　　　　　）
　　　4．（人が）～を（出　　　　）／　～が（出　　　　）
　　　5．（人が）～を（壊　　　　）／　～が（壊　　　　）

Ⅱ．あなたは、日本語の自動詞と他動詞をどのように区別し、使い分けていますか。
　　自動詞：

　　他動詞：

Ⅲ．正しいと思う説明に、○をつけてください。

1．(　) すべての動詞が「(電気が)つく－(電気を)つける」のように対の形を持つわけではない。

2．(　) 他動詞「読む」「書く」などは対を持たない他動詞で、「いる」「ある」「遊ぶ」「走る」などは対を持たない自動詞である。

3．(　) 他動詞は、いつも、人がしたことを表す。

4．(　) 自動詞は、いつも、「木が枯れる」「風が吹く」「雲が流れる」など自然現象やモノの動きなど、人の行為とは関係ない変化を表す。

5．(　) 人がしたことには、他動詞を使うので、「案内書はいつ出しますか」のほうが、「案内書はいつ出ますか」より、自然な使い方である。

6．(　)「機械を壊す」の「を」、「大空を飛ぶ」の「を」、「大空を見上げる」の「を」、「高速道路を走る」の「を」は、すべて動作の対象を表す「を」で、動詞は他動詞である。

7．(　)「殴(なぐ)り合う」「ぶつかる」という動詞は、「兄と殴り合う」「先生にぶつかる」のように「を」を使わないが、「兄」や「先生」は、6．の「機械」と同じように動作の影響を直接受ける。

8．(　)「○技術が進歩する」「×技術を進歩する」のように、一つの動詞が自動詞と他動詞の両方に使われることはない。

❖ 自動詞・他動詞の「使い方」には、決まりがある。文の形や会話の中での使い方について、Ⅱ．以降で見ていく。なお、「涙を流す」などの他動詞文の使い方については、Ⅲ．で考察する。

❖ 自動詞・他動詞で形が対になるものは、動詞全体の中では、一部であるが、適切に使い分けることは必ずしも容易ではない。ここでは、対になるものを中心に見ていく。

I. 自動詞・他動詞の形と意味・機能

●対を持つ自動詞・他動詞の使い方

問1 どこに注目していますか。

1.
a. 田村「開かないなあ」
　　　　　　↑
　　　＜田村さん・ドア＞

b. 田村さんは、「ああ、やっと開いた」と言いながら、ドアを開けて中に入った。
　　　　　　　　　　　↑　　　　　　　　　　　　　　↑
　　　　　　＜田村さん・ドア＞　　＜田村さん・ドア＞

2.「あ、財布が落ちてる。だれが落としたのかな…。」
　　　　　　　↑　　　　　　　　↑
　　＜人（だれか）・財布＞　＜人（だれか）・財布＞

❖ 自動詞・他動詞の基本概念

```
┌─────────────────────────────────┐
│ ②変化を起こす人など → ①変化する人／もの │
│                           自動詞 │
└─────────────────────────────────┘
              他動詞
```
ポイント
[話し手が注目しているところ]

話し手が①に注目している　　　　　　　：（　　　）動詞表現
話し手が①と②の両方に注目している：（　　　）動詞表現

練習 例にならって答えてください。

例．＜電話で＞

　　私：あれっ、留守かな。
　　　　何回かけても　　　　　＜かけた人・電話＞ー（ 他動詞・かける ）
　　　　ぜんぜんかからない。　＜かけた人・電話＞ー（ 自動詞・かかる ）

1．＜夕食での会話＞
　　妻：今日のステーキうまく焼けてるわね。　　＜焼いた人・ステーキ＞
　　　　　　　　　　　　　　　　　　　　　　　　　　－（　　　　・　　　）

　　夫：心を込めて焼いたから。　　　　　　　　＜焼いた人・ステーキ＞
　　　　　　　　　　　　　　　　　　　　　　　　　　－（　　　　・　　　）

2．学生Ａ：修了式でスピーチをする人、
　　　　　　Ｂさんに決まりましたよ。　　　　　＜決めた人・決まった人＞
　　　　　　　　　　　　　　　　　　　　　　　　　　－（　　　　・　　　）

　　学生Ｂ：えっ、だれがそんなこと
　　　　　　決めたんですか。　　　　　　　　　＜決めた人・決まった人＞
　　　　　　　　　　　　　　　　　　　　　　　　　　－（　　　　・　　　）

☕ちょっと一息 ①

自動詞とは、変化を表し意志を表さない動詞のことですか。
....

自動詞の意味には大きく次の3種類があると考えられます。
○「状態」を表す自動詞：ある、いる、異なる、わかる、他
○「変化」を表す自動詞：壊れる、閉まる、なる、発展する、他
○「動き」を表す自動詞：歩く、走る、遊ぶ、飛ぶ、泳ぐ、他
しかし、1つの動詞は必ず1つのグループに属するということでもありません。2つの意味を持つ動詞もあります。
○「変化」と「動き」を表す動詞
例1．芽が出た。（変化＋動き）
例2．子供は母親の声を聞いて一度止まったが、また走り出した。（変化＋動き）
上から、「変化」を表すのは自動詞の一部であることがわかります。
次に、自動詞が意志を表さないかどうかについて見てみましょう。

1．家には犬が2匹いる。　　×家には犬が2匹いよう。（意志を表さない）
2．もうしばらくここにいる。○もうしばらくここにいよう。（意志を表す）
3．タイ語ができる。　　　　×タイ語ができよう。
4．時計が止まる。　　　　　×時計が止まろう。
5．シェフになる。　　　　　○シェフになろう。
6．芽が出る。　　　　　　　×芽が出よう。
7．裏口から出る。　　　　　○裏口から出よう。
8．戸外で遊ぶ。　　　　　　○戸外で遊ぼう。
9．向こうの岸まで泳ぐ。　　○向こうの岸まで泳ごう。

上の1.～3.は「状態」を、4.～7.は「変化」または「変化＋動き」を、8.～9.は「動き」を表し、これらの用法を整理すると次のようになります。
　　a．意志を表さない動詞　　　　　　：ある、異なる、できる、他
　　b．文脈によって意志を表す動詞　　：出る、なる、止まる、他
　　c．ほとんどの場合意志を表す動詞　：歩く、走る、遊ぶ、他
自動詞で意志を表すことが多いc.には「動き」の動詞が多いことがわかります。

参考：Chafe, Wallace(1970). *Meaning and the structure of language.* Chicago:University of Chicago Press. p. 98

角田太作（1991）『世界の言語と日本語』くろしお出版　p. 87

II. 使い方

問1-1 自動詞表現と他動詞表現の使い方の違いを考えて、適当なほうを選んでください。

すみません。お借りしたカメラ、（a．壊れちゃった　b．壊しちゃった）ようなんです。

❖ a．と b．の違い
　　a：責任を　（感じている・感じていない）
　　b：責任を　（感じている・感じていない）
　理由
　　自動詞：行為に（注目している・注目していない）
　　他動詞：行為に（注目している・注目していない）

練習　（　）から適当なほうを選んでください。両方言える場合は意味の違いを考えてください。

1. この本、（a．汚れて　b．汚して）しまったんです。すみません。
　うっかり（a．コーヒーがこぼれて　b．コーヒーをこぼして）しまって、、。
2. 子供：お母さん、このおもちゃ（a．壊れ　b．壊し）ちゃった。
　　　　階段の上から落ちちゃったの。
　母親：それは、（a．落ち　b．落とし）たんじゃなくて、（a．落ち　b．落とし）たんじゃない。

問1-2 自動詞表現と他動詞表現の使い方の違いを考えて、適当なほうを選んでください。

皆さん、ひと休みしましょう。（c．お茶が入りました　d．お茶を入れました）から。

❖ c．と d．の違い
　c：「私が積極的に」という感じが（ある・ない）
　d：「私が積極的に」という感じが（ある・ない）
　こうした場面で、他動詞を使うと特別に「私（だれか）の行為」であることを強調することがある。

練習　（　）から適当なほうを選び、意味の違いを説明してください。
1．来月の国際会議の準備、（c．進んで　d．進めて）ますか。
2．＜お見合いをした人に＞Q：どうでしたか。
　　　　　　　　　　　　　A：ええ。（c．決まり　d．決め）ました。

問2　（　）から適当なほうを選んでください。どこに注目していますか。
1．「元気そうね。（a．風邪、治った　b．風邪、治した）みたいで、よかったね」
2．＜受付で＞
　「来年度の案内書はいつごろ（a．出ます　b．出します）か」
3．文部科学省から、留学制度の見直しについて（a．通達が出る　b．通達を出す）そうだ。

❖ 次のような場合、自動詞表現が使われる。
　・行為の結果や変化に注目している場合
　・「だれが（したか）」と言う必要がない場合

練習　どちらを使いますか。
1．A：昨日のパーティー、どうだった。
　　B：すごい量の（a．料理が出た　b．料理を出した）よ。あれだけの
　　　（a．料理が出る　b．料理を出す）のは、準備がたいへんだっただろうな。
2．（a．法令がしばしば変わる　b．法令をしばしば変える）と、何が正しいのかわからなくなる。
3．（a．バスの運行時間が変わった　b．バスの運行時間を変えた）ので、確認しておいてください。
4．駅前の書店には、ようやく待望の（a．新刊が並んだ　b．新刊を並べた）。けさ店の前を通ったとき、店の人が（a．並んで　b．並べて）いるのが見えた。

5．＜廊下で＞「あ、（a．会議が始まる　b．会議を始める）よ。席に着かないと」
＜司会者＞「ただ今から（a．会議が始まります　b．会議を始めます）。ご着席ください」

6．（a．トンネルがつながった　b．トンネルをつないだ）ので、向こう側との行き来が楽になった。

7．「（a．アルコールが入って　b．アルコールを入れて）いるから、電車で帰るよ」
「じゃあ、車は置いていくんですね」

問3 次の他動詞は、どんな表現といっしょに使われていますか。

1．A：あ、こんな所に、お金が入っている。
　　B：それはね、いざというときのために、入れてあるんですよ。

2．A：あ、おすしが残ってる！！
　　B：あなたが好きだから、残しておいたんですよ、さあ、食べて。

❖「〜ておく」「〜てある」「〜ましょうか」「〜てください」「〜たいと思う」「〜ようと思う」のような「意志」を表す表現は、（自動詞・他動詞）と一緒に使うことが多い。
　理由：意志動詞の多くは（自動詞・他動詞）であるから。
しかし、自動詞の中にも、走る、行く、休む、集まる、のような意志動詞がある。

練習 文末表現に注意して、（　）の中を完成させてください。（「！」は注意の印です。）

1．貯金を（増　　　）うとしても、貯金はなかなか（増　　　）ません。
2．スピーチのテーマを早く（決　　　）たいんですが、まだ（決　　　）。
3．A：このドア、（閉　　　）てもいいですか。
　　B：ええ。でも、そのドア、実は（閉　　　）ないんです。
4．みんな交通事故を（減　　　）たいと願っていますが、少しも（減　　　）。
5．A：教室のエアコン、（つ　　　）ていますか。
　　B：ええ。もう（つ　　　）てあります。
6．A：1週間前に引いた風邪がなかなか（治　　　）ないんです。
　　B：いけませんね。ゆっくり休んで早く（治　　　）てくださいね。

7. A：お茶を入れたいんですが、お湯、（沸　　　）てますか。
   B：いえ、まだ。すぐに（沸　　　）ます。
! 8. おいしいシュークリームを（作　　　）たいんですが、なかなか上手に
   （　　　　）。
! 9. 両親はわたしを医者に（　　　　）たかったようですが、わたしは絵をかく
   のが好きで画家に（　　　　）ました。

● 無対自動詞・無対他動詞 ･･

問4 自動詞・他動詞が対の形を持たない場合はどうなるでしょう。
（　）の中を完成させてください。

1. 新しい政策は、その中身が（問　　　）ている。
2. 人気アニメのキャラクターを使った宣伝が、そのせりふを子供たちの間で
   （流行　　　）た。
3. 2国間で、貿易に関する条約が（調印　　　）た。

> ❖ 形が対になる自動詞・他動詞がない場合は、
>   代わりに（　　　　）（　　　　）を使うことがある。
>   自動詞－他動詞→使役
>   受身←自動詞－他動詞

練習

1. K氏は、天文学の新分野を切り開いた業績が（評価　　　）て、イスラエルの財
   団から賞を（贈　　　）た。
2. A社は、市場調査に基づいた商品開発によって、経営を（安定　　　）ていった。
3. 前線が、雨雲を（発生　　　）、雨を（降　　　）るでしょう。
4. 投資の失敗が、会社を（倒産　　　）た。

> ❖ 動詞の中で、対になる自動詞・他動詞があるものは、一部であり、多くの
>   動詞はそのようにはなっていない。対を持つ自他動詞において、典型的な
>   用法が見られるので、ここでは対を持つ動詞を中心に見ていく。
> ❖ すべての動詞を自動詞か他動詞のどちらかに、はっきり分けたり、決めた
>   りできるとは限らない。こうした動詞の使い方については、Ⅲ．で見る。

☕ちょっと一息 ②

会話ではいつも「コーヒーを入れた」より「コーヒーが入った」のほうを使うのですか。

....

　　夫：コーヒー　入った① 　よ。
　　妻：ありがとう。今行く。
　　夫：あのう、コーヒー　入れた② 　よ。
　　妻：ごめん。すぐ行く。
　　……しかし、妻はまだ来ない……
　　夫：僕の　入れた③ 　コーヒーなんて飲めないってこと！！

この会話の中で、夫は自動詞から他動詞に切り変えることで、気持ちを伝えています。夫は、なかなか来ない妻に対して、①「入った」から、②に「（僕が）入れたんだ」と切り替えたので、妻は「ごめん」と謝っています。それでも来ない妻にたいして、夫は、③で「僕」とはっきりと言っていらだちを表しています。

このように「あえて他動詞に切り替える」ことによって、相手に注意を向けさせたり、主張を伝えることができるのです。自他の使い分けでこんな気持ちが表現できることもあるのです。

参考：細川英雄（1999）『日本語学』VOL. 18　明治書院

III. 発展1　慣用的表現など

問1　次の動詞は「が」をとりますか、「を」をとりますか。

1 a．いい知らせを聞くと心（を・が）はずみますね。
  b．今月は、お手伝いをしてくれたので、少しお小遣い（を・が）はずんで、5割増しにしよう。
2 a．こう長く雨が続くと、気持ち（を・が）ふさぎますね。
  b．子供たちは、出口（を・が）ふさいで、ほかの子が通れないようにしている。
3 a．恋人に結婚（を・が）迫られて、その気がないのに返事を引き延ばすのは、相手に失礼です。
  b．レポートの締め切り（を・が）迫ってきた。今夜は徹夜かな。
4 a．さっき起きたばかりで、なかなか、頭（を・が）働かない。
  b．彼女は悪事（を・が）働いて、とうとう、信頼を失った。
5 a．あのコンビニで　アルバイト（を・が）募ってますよ。
  b．採用結果の通知がまだ来ない。不安（を・が）募って何も手につかない。

❖ 1つの形で、自動詞になったり他動詞になったりする動詞がある。上の1～5では、自動詞としての意味と、他動詞としての意味や使い方が（似ている・違う）。

6．子供（を・が）授かりました。命を大切にしたいです。
7．工事は常に危険（を・が）伴います。細心の安全対策が必要です。
8．石油を積んだ大型車の事故です。火（を・が）吹き出しています。化学消防車の出動を待ちましょう。

❖ 1つの形で、自動詞になったり他動詞になったりする動詞には、上の6～8のように、意味や使い方が（似ている・違う）ものもある。

●他動詞の使い方

問2-1 a．b．に注目して、自動詞表現と他動詞表現の違いを考えてください。
1．ドアに（a．手を挟まない　b．手が挟まらない）ように気をつけてください。
2．スキーの事故で（a．足の骨を折る　b．足の骨が折れる）ことがある。

❖ 人／生物 ＋が＋ 自分の体の一部／もの ＋を＋ 他動詞
　　　　　　↓
　（　　　）動詞表現より（　　　）動詞表現のほうが慣用的である。

練習（　）から適当なほうを選んでください。
1．（a．目がつり上って　b．目をつり上げて）抗議するより、冷静に説明したほうがいい。
2．（a．涙を流し　b．涙が流れ）ながら、胸のうちを語った。
3．犬が（a．しっぽをたらして　b．しっぽがたれて）歩いている。
4．刑事は（a．足が棒になって　b．足を棒にして）必死で容疑者の居所を捜し当てた。
5．その時、私はショックに打ちひしがれ、（a．肩が落ちて　b．肩を落として）とぼとぼ歩き続けた。
6．その頃の私は、（a．髪が振り乱れて　b．髪を振り乱して）必死に生きていた。

問2-2 a．b．に注目して、自動詞表現と他動詞表現の違いを考えてください。
週末、羽を伸ばしすぎて（a．体調が崩れて　b．体調を崩して）しまった。

❖ 過失やマイナスの結果を言うのに（自動詞・他動詞）を使うことがある。

練習 a．とb．の違いを考えてください。
1．車庫の壁に（a．車がぶつかった　b．車をぶつけた）ためにドアが開かなくなってしまった。
2．（a．鍵がなくなって　b．鍵をなくして）家に入れなかった。
3．飲みすぎて（a．胃を壊してしまった　b．胃が壊れてしまった）。
4．少年犯罪の話を聞いて、大人たちは（a．心を痛めた　b．心が痛んだ）。

● 自動詞の使い方

問3 a、bのどちらを使いますか。

1 a．重いドアですね、なかなか閉められませんね。
　b．重いドアですね、なかなか閉まりませんね。
2 a．しっかりのりをつけたせいで、このポスターぜんぜん、はがせないね。
　b．しっかりのりをつけたせいで、このポスターぜんぜん、はがれないね。

> ❖ 自動詞の中には、すぐ・よく・なかなか、などの副詞をともなって、主語の性質を表すものがある。

練習

1．このコップは、強化ガラスだから落としても（割　　　　　）。
2．アルミは熱で簡単に（曲　　　　　）が、鉄は（曲　　　　　）。
3．生物（なまもの）はすぐ（腐　　　　　）ので、早めに食べましょう。
4．安いおもちゃはすぐ（壊　　　　　）。
5．この笛はなかなか音が（出　　　　　）。
6．この電話番号、かけてもぜんぜん（　　　　　）。使われているのだろうか。
7．油と水は（混　　　　　）。
8．百科事典は、大きすぎて通学かばんには（入　　　　　）。
9．このはさみは、とてもよく（切　　　　　）。
10．この靴は大きすぎて、すぐ（脱　　　　　）。

問4 （　）の中にことばを入れて、同じ意味の文を作ってください。

1．学生チームが社会人チームをやぶった。
　→（　　　）が（　　　）にやぶれた。

❖ これらの自動詞文は、他動詞の受身文と同じような構造である。
名詞1　　が　　名詞2　　｜に／を｜　　他動詞
（　　）　が　（　　）　　　に　　　　自動詞

練習
1．ベテランの警官がすりの常習犯を捕まえた。
　　→すりの常習犯がベテランの警官（　　　　　　　）
2．友人の裏切りが彼を苦しめた。
　　→彼は友人の裏切り（　　　　　　　）
3．沢さんの言い方は、関さんを傷つけました。
　　→関さんは、沢さんの言い方（　　　　　　　）
4．母親は娘に買い物を言いつけた。
　　→娘は母親に買い物を（　　　　　　　）

ちょっと一息 ③

自動詞「立つ」の他動詞は「立てる」ですか。

動詞としては形態的に対応し有対自動詞／有対他動詞と呼ばれていますが、使い方には注意が必要な場合があります。

「標識が立つ／標識を立てる」では動詞の自他が対応していますが、「生徒が立つ／生徒を？立てる」はどうでしょう。「生徒の顔」であれば成立しますが、起立するという意味では使えません。「生徒が立つ」に対しては「生徒を立たせる」となります。

また、「破れる」「破る」については、「ポスターが破れる／ポスターを破る」は自他が対応していますが、「記録を破る」という他動詞に対応するのは「記録が破れる」という自動詞ではなく「記録が破られる」という受身の形が使われます。

このように、形を暗記するだけでは自動詞／他動詞を適切に使えるとは限りません。動詞を自然に使うには、名詞とのつながりを考慮することが重要です。

IV. 発展2　形が似ている動詞

問1　動詞を選んでください。

1　広める　広げる　広まる　広がる

　　1．うわさを（　　　　）人はだれですか。
　　2．日本に仏教が（　　　　）のはいつ頃ですか。
　　3．目の前にすばらしい景色が（　　　　）。
　　4．テーブルの上に地図を（　　　　）て、説明した。
　　5．経験を通じて、見聞を（　　　　）ことが大切だ。
　　6．資金ができたので、さらに商売を（　　　　）。

```
広げる（他）：広_____（自）
広める（他）：広_____（自）
```

2　浮かべる　浮く　浮かぶ

　　1．子供たちは紙で作った船をそっと水の上に（　　　　）。
　　2．油は水に（　　　　）が、鉄は（　　　　）ない。
　　3．目に涙を（　　　　）て、つらい経験を話しました。
　　4．音楽を聴くと、思い出の光景が心に（　　　　）。
　　5．いいアイデアが頭に（　　　　）。
　　6．空に雲が綿菓子のように（　　　　）でいる。
　　7．集めたコンパの会費が3千円（　　　　）ので、部費に回します。
　　8．口元にほほえみを（　　　　）ている。

```
浮かぶ（自）：_____（他）
浮く　（自）：（なし）
```

3　縮める　縮れる　縮む

　　1．ゴムは伸びたり、（　　　　）りします。
　　2．セーターを水洗いしたら（　　　　）しまって、着られなくなった。
　　3．記録を1秒（　　　　）というのは、選手にとって大変なことだ。
　　4．急ブレーキをかけて間に合いましたが、命が（　　　　）思いでした。

5．旅行の予定は1週間だったが、父が入院したと聞き、予定を2日ほど
（　　　　）て帰ってきました。
6．たき火のそばを通ったら、火の粉を浴びて髪の毛が（　　　　）しまった。

```
縮む（自）　：　_____（他）
縮れる（自）：（なし）
```

4　はがれる　はげる　はがす

1．封筒に間違った切手をはってしまった。（　　　　）なくては。
2．のりでしっかりはったから、なかなか（　　　　）。
3．あのポスター、もう（　　　　）てもいいですね。
4．長い間日に当たったら、ペンキが（　　　　）。

```
_____（自）：はがす（他）
_____（自）：（なし）
```

☕ちょっと一息 ④

他動詞「出す」は、「降り出す」という形では、自動詞として使うのですか。他にもこのような例がありますか。

....

他動詞「出す」が動詞の語幹について「降り出す　笑い出す　走り出す」など自動詞として働く複合動詞があります。この「―出す」は、「始める」という意味になり、もはや元の動詞の意味はありません。
このほか、「電話をかける（他）」の「かける」も「歩きかける」「眠りかける」となると、自動詞として使われ、また、「（荷物を）上げる（他）」も「悲しみがこみ上げてくる」では自動詞として使われます。「（前髪を）切る（他）」も「疲れ切る」「困り切る」「冷え切る」などでは自動詞として使われ程度の強さを表します。

V. 総合練習

I. ＿＿＿に助詞を入れ、（　）の中を完成させてください。

1. A：窓は（閉　　　　）ていますか。
   B：ええ、さっき私＿＿＿（閉　　　　）ておきました。
2. A：この前なくした辞書は（見つ　　　　）か。
   B：ええ、リーさん＿＿＿（見つ　　　　）てくれました。
3. A：駅前に（建　　　　）ビル、1階にエスニック料理の店が入るらしいよ。
   B：へえ。オープンしたら行ってみようか。
4. 　客：この靴の24センチのを見たいんですが。
   店員：すみません、今ちょっと切らしておりますが。
   　客：そうですか、いつ（入　　　　）か。
   店員：1週間はみてくださいますか。
5. 学生：これは来年度の案内ですか。
   受付：いいえ、それは今年のです。
   学生：来年のはいつ頃（出　　　　）か。
6. 学生A：いよいよ来週から試験だね。
   学生B：うん。どう、準備のほう（進　　　　）？
   学生A：ううん。（進　　　　）ない。（進　　　　）たくても、バイトが忙しくて。
7. あなた：これお借りしたビデオテープなんだけど。
   　友達：え、どうしたの。
   あなた：実は、（落　　　壊　　　動　　　　）。

Ⅱ．（　）に入ることばとして、最もいいと思うものを選んでください。

1．第一関門　　　　　　　　2．当たるも八卦(はっけ)

©秋月りす『OL進化論8』
講談社より

©秋月りす『OL進化論4』
講談社より

　　①a．集められる
　　　b．集める
　　　c．集まる
　　②a．嫌(いや)だ
　　　b．困る
　　　c．重い

　　①a．はがれている
　　　b．はがしてある
　　　c．はげている
　　②a．当たる
　　　b．当てる
　　　c．当てられる
　　③a．推理
　　　b．勘(かん)
　　　c．詐欺(さぎ)

3．会社にお願い

©秋月りす『OL進化論8』
講談社より

4．等身大

©秋月りす『OL進化論4』
講談社より

①a．体が壊れて
　b．体を壊して
　c．体を壊れて
②a．体が温まる
　b．体を温める
　c．体を温めさせる
③a．増えている
　b．増やしている

①a．預かって
　b．預けて
　c．預けさせて
②a．見せ
　b．見つかっ
　c．見つけられ
③a．助ける
　b．助かる
　c．助からせる

Ⅲ．次の文に不自然なところがあったら直してください。
1．＜子供の言い訳＞
子供：ボールが当たって、窓ガラスを割っちゃった。

母親：割ったんじゃなくて割れたんでしょ。

あああ、子供って、上手に育つのは難しい！

2．＜郵便局で＞
この手紙、ナイジェリアに送りたいんですが、いつ届けますか。

3．＜映画館のチケット売り場で＞
大人2枚ください。この次は何時に始めますか。

4．ヤンさんの送別会に招待されて、行ってきました。そこでは、各国の料理を出して、みんな大喜びでした。

5．先週、駅前に作ったスーパーに行ったら、結構お客さんを入れていました。買い物している間に財布が落ちてしまいました。

Ⅳ．□の中の漢字を使って、適当な動詞を作って（　）に入れてください。
1．「七転び八起き（ななころびやおき）」は、（　　　）てもすぐ（　　　）という意味です。

　　　　　　起、倒

2．「水と魚」というのは、（　　　）ても（　　　）関係のことである。

　　　　　　切

3．働く女性が（　　　）、少子化が（　　　）と、女性が働きながら子供を育てられるような社会制度が必要になる。

　　　　　増、進

4．お湯が（　　　）たら、すぐ、野菜と調味料を（　　　）ください。
　　野菜が（　　　）たら、火を（　　　）できあがりです。

　　　　　沸、煮、止、入

5．フライパンが（　　　）たら、すぐに油を引きます。
　　じゃがいもに茶色い色が（　　　）たら、もう一度油を加えて火を通してください。

　　　　　温、付

6．風土の繊細(せんさい)な美しさや、こまやかな人情、幽玄(ゆうげん)の美、そういう日本文学の伝統に（　　　）、現代の息吹(いぶき)をもりこんだ「川端(かわばた)文学」の受賞は、"日本文壇に対しての賞"とも考えられよう。「翻訳してくれた人が立派です。それを考えると賞は辞退すべきかな」とも川端さんはもらしていたが、この授賞によって、ノーベル賞自身もまた、国際性を（　　　）。

　　　　　　　　　　　　　　　　入江徳郎　朝日新聞「天声人語」1968年10月20日より

　　　　　高、立

Ⅴ．次の文を読んで問に答えてください。

　落語にステレコという話がある。昔、長崎の漁師が珍しい魚をとったが名前がわからなかった。役所に届け（　　　）たら、所長は「この魚の名前を知っている者は申し出るように。申し出た者には賞金を与える」という通達を村中に（　　　）。期限の最終日にたった一人の者がやってきて「これはステレコと申します」と言った。変な名だと思ったが、所長は約束の賞金を与えた。

　一月ほどたつと、また、役所から通達が（　　　）。「珍しい魚が手に（　　　）が、名がわからない。知っている者は申し出るように。賞金を与える」。最終日に申し出たのは、先日の男である。「この魚はステレンキョーと申します」と言った。所長は顔色を（　　　）て「無礼者！先日ステレコでございますと申した魚を干したのがこの魚じゃ。口からでまかせを申し、賞金を取るとは、いったいどういうつもりだ。死刑じゃ」。

　死刑にされる日、妻子にひと目会うことを許されたこの男は「おまえにしっかり遺言（ゆいごん）しておく。この子が大きくなっても、くれぐれもイカの干したものをスルメと呼ばせるなよ」と。

問１．次の　　　の中からことばを選んで形を変えて（　　）の中に入れてください。

　　　出、入、変

問２．次の質問に答えてください。
　１．この男は、魚の名前を本当に知っていたから申し出たのでしょうか。

　２．この男は２匹の魚が同じだと知っていましたか。

問３．下線の部分は、どんな気持ちで言ったのでしょうか。次の中から選んでください。
　ａ．正しいことを言ったのに死刑になるとは悔しい。
　ｂ．嘘（うそ）をついてお金をもらってしまい悪かった。
　ｃ．嘘をついてお金をもらったのは悪いが所長の言うこともおかしいのではないか。

問４．この落語の最後はどうなったと思いますか。（ヒント：所長は道理のわかる人）
　ａ．予定通り死刑になった。
　ｂ．死刑は取りやめになった。

ちょっと一息 5

ラテン語やスラブ語には、reflexive verbと呼ばれる動詞があります。例えば、María <u>se sienta</u>.（マリアが座る　スペイン語）、<u>Obadhdam se</u> Tsunka.（ツァンカと申します　ブルガリア語）などです。この様な形は日本語にもありますか。

．．．

日本語では、再帰辞（上の例ではse）を使って特にマークすることはありません。これに当たる表現は、「顔を洗う」「手を挙げる」「靴をはく」「着物を着る」のように「身体語・身につけるもの＋を＋他動詞」という形で、自分に向かう行為を表します。

ほかに、身体語の場合、「髪をとく」「目をそらす」「舌を出す」「のどを鳴らす」「ほおを赤らめる」「足を組む」など、身につけるものの場合、「コートを脱ぐ」「時計をする」などのように表します。

❷ （さ）せる（使役）

ウォームアップ

Ⅰ．次の文に不自然なところがあったら直してください。理由も言ってください。
 1．以前は、年末に子供を家中の大掃除を手伝わせたものだ。
 2．母親は、遊びたいという子どもを、そのまま遊んだ。
 3．（私は）風邪を引いたので、今日は仕事を休んでもらった。
 4．夕立が来たので、犬に小屋に入れさせました。
 5．警察官は、職務権限で通行中の車を止めさせることができる。

Ⅱ．次の「させる」の使い方がよく似ているのはどちらですか。
 1．ちょっとした一言が友人を怒らせてしまった。
   a．知らせを聞いて、すぐ現場まで車を走らせた。
   b．小錦が相撲をやめることになって、ファンをがっかりさせた。

 2．生きる勇気がありません。もう、死なせてください。
   a．病気で幼い子供を死なせてしまった。
   b．旅行に行くので1週間休ませてもらいました。

Ⅲ．どちらを使いますか。両方使えるものもありますか。
 1．夏のおやつとしてバナナを（a．凍って b．凍らせて）おくと、便利です。
 2．この公園では梅雨どきに紫陽花がいろとりどりの花を（a．咲きます b．咲かせます）。
 3．ラジオを（a．止めて b．止まらせて）、運転に集中します。
 4．子供たちには、自分たちでお風呂に（a．入れる b．入らせる）ようにし、10時までには（a．寝かす b．寝させる）ようにしています。

I.「(さ)せる」の形と意味・機能

❖ させるの意味
(名詞1) 関わり→ (名詞2) が~する

書く　　　　　kak **u** → **aseru**
開ける　　　　ake **ru** → **saseru**
発展する　hatten **suru** → **saseru**

❖ 使役文は、命令、許可などいろいろな「関わり方」を表す。
　Ⅰ. 問1~問6で詳しく見ていく。

●助詞のルール

問1-1 ＿＿に助詞を入れ、（　）の中を完成させてください。

1．親　→　子供が掃除を手伝う
　　親＿＿子供＿＿掃除＿＿（手伝　　　　）。
2．親　→　子供が買い物に行く
　　親＿＿子供＿＿買い物＿＿（行　　　　）。
3．私　→　子供が友達と遊ぶ
　　私＿＿子供＿＿友達と（遊　　　　）。

❖ 助詞のルール

使役文 ・・・ 名詞1 が 名詞2 を／に ～（さ）せる

例．元の文 ・・・ 親 → 子供が 掃除を 手伝う

例．使役文 ・・・ 親が 子供に 掃除を 手伝わせる
　　　　　　　　　　　　①　　　②

・使役文の助詞②は、元の文の助詞と（変わる・変わらない）。
・助詞①は②との関係で決まることが多い。

　　　親が　子供に　　掃除を　手伝わせる。
　　　親が　子供を　　買い物に　行かせる。
　　　　　　①　　　　②

・②が **を** のとき ①は（に・を）
・②が **を以外** のとき ①は（に・を）

＊「―を ―を する」という文は好まれない。

練習

1．わが子____好きなこと_____させたいと願う親は多い。

2．ホームパーティーでは、主人は、お客さん_____退屈な思い_____させないよう心を配らなければならない。

3．「かわいい子_____旅_____させよ」ということわざがある。しかし、自分が親になったら、娘_____海外の一人旅_____させるかどうかわからない。

問1-2　_____に助詞を入れ、（　）の中を完成させてください。

1．子供　→　親が心配する
　　子供____親____（心配　　　　）。

2．上空の冷たい空気　→　雪雲が発生する
　　上空の冷たい空気____雪雲____（発生　　　　）。

3．ちょっとした一言　→　友人が怒る
　　ちょっとした一言____友人____（怒　　　　）。

❖ をは名詞2の意志に関係なく起きるできごとの場合に使う。

練習 助詞を入れてください。

1．はしかにかかったので、子供＿＿＿＿休ませた。
2．冗談を言って、周りの人＿＿＿＿笑わせる。
3．インターネットがビジネスのあり方＿＿＿＿変化させた。
4．水槽の中の金魚が、口＿＿＿＿ぱくぱくさせて、泳いでいる。
5．「いつもお世話になってますから、今日は私＿＿＿＿払わせてください。」
6．相談の時間は、問題をかかえている人＿＿＿＿話したいだけ話させるようにしています。
7．興味を持った子供＿＿＿＿、このパソコンを何時間でも使わせてあげてください。

● 強制

問2 名詞1（させる人）は名詞2（する人）の気持ちを尊重していますか。（下線に注目してください。）

1．隊長は、雪の中兵隊を<u>無理矢理</u>2時間も歩かせた。
2．嫌いなことを<u>いやいや</u>習わせても長続きはしない。
3．体質的にアルコールを受けつけない人に、<u>無理に</u>酒を飲ませると事故につながる。

> ❖ <u>名詞1（人）は名詞2（人）の意志を（尊重する・無視する）。</u>
> ❖ 強制（命令など）の意味で使われる。

練習 （　）の中を完成させてください。

1．入国管理局は、不法入国者を直ちに国外に（退去　　　　）。
2．厳しい教師は、有無を言わせず宿題を忘れた生徒に運動場を（1周　　　　）。
3．幼児が誤ってたばこを食べてしまった場合、ミルクを（飲　　　　）て（吐き出　　　　）とよい。
4．会社人間が減って家族を大事にする若者が増えるのにつれて、単身赴任を（　　　　）会社は少しずつ減少してきている。

● 誘発

問3-1 「強制」の意味がありますか。

1．市長は、当選後公約を守ろうとしないので、市民をすっかり怒らせてしまった。
2．ライト兄弟は、動力をつけた飛行機で初めて空を飛んで、世の中の人々をあっと言わせた。

- ❖ 名詞1は名詞2に強制したのではないが、名詞2の気持ちや感情の変化を**誘発**する。
- ❖ 動詞の種類：（　　　　　　）を表す動詞が多い
   例．笑う　喜ぶ　慌(あわ)てる　感心する　あきれる　失望する
   　　がっかりする　はらはらする　うっとりする　和(なご)む

練習　（　）の中にことばを入れて文を完成させてください。

1．弟は、また落第して、両親を（　　　　　　　　）た。
2．「心配しないで」と言って、相手を（安心　　　　）た。
3．金曜日のドラマの主人公を演じている俳優は、登場するだけで周りを
　（うっとり　　　　）不思議な魅力があるらしい。
4．この度の旅行は短期間ではあったが、自然に触れたいという気持ちを
　（満喫　　　）てくれ、土地の人々との何気ない会話が心を（和　　　）
　てくれた。
5．「こんなに早く仕上げてくれたんですか。どうもありがとう。出張の前に、忙しい思いを（　　　　　）てしまいましたね」

問3-2　名詞2（する人）はどんな気持ちですか。
1．「こんなサービスで、サービス料を払わせるなんて、経営者としての誇りはないのだろうか」
2．「あの店、まずいコーヒーばっかり飲ませるからもう行かない」

- ❖ 話し手は予想しなかった結果に対し、マイナスの気持ちを持っている。
- ❖ 名詞1の意図で行われたかのように表現している。

練習　（　）の中にことばを入れて文を完成させてください。

1．タイトルを見て聞きに来た聴衆にぜんぜん違う内容の話を（聴　　　　）なんて、主催者は何を考えているのだろうか。
2．「あっ、もう壊れちゃった。客にこんな物を（買　　　）ようじゃ、あの店も終わりだね」
3．冷えていないビールを（飲　　　　）ビアホールなんて、ビアホールじゃないよ。

4．＜居酒屋の会計で＞

客A：あっ、僕払うよ。今日ボーナスが出たんだ。

＜Aが払う＞

客B：悪いね。また（払　　　　）ちゃって。

この次は、僕に（払　　　　）てくれよ。

● 許可

問4　名詞2（する人）は、何か望んでいますか。それに対し、名詞1（させる人）はどうしますか。

1．客が帰った後、妹は休みたいと言ったので部屋で休ませて、僕が後片付けをした。
2．どうしてもと言うので、娘を海外旅行に行かせた。
3．喜ぶからといって、チョコレートばかり食べさせてはいけない。

> ❖ 名詞2（人）が何かすることを（望んでいる・望んでいない）。
>   名詞1（人）がそれを**許可**する。
> ❖ 次のようなとき「（さ）せる」を使って表現できる。
>   許可をもらう：「～（さ）せてください／くださいませんか」
>   　　　　　　　「～（さ）せていただきたいんですが／いただけませんか」
>   意志を表す　：「～（さ）せていただきます／もらいます」

練習（　　）の中にことばを入れて文を完成させてください。

1．モンテッソーリの幼児教育では、子供たちに自発的に（活動　　　　）ことを重視している。
2．新入社員にはいくつかの会議を自由に（見学　　　　）ことになっている。
3．社員：今度の出張、私に（行　　　　　　）。

　　課長：そうだね。君に頼もうか。
4．すみません。熱があるので、今日は（　　　　　　　　）。
5．ここに荷物を（置　　　　　　　　）。
6．＜新聞＞明日は新聞休刊日ですので、朝刊を（休　　　　　）。
7．＜テレビ＞本日の放送はこれで（終了　　　　　　）。
8．＜店頭＞誠に勝手ながら４月２９日より５月７日まで（休業　　　　　）。
9．乾杯の音頭を（取　　　　　　　　）。
10．＜発表終了時＞これで私の発表を（　　　　　　　　）。

●放置

問5 名詞1の人は、問4のように積極的に許可をしていますか。
1．甘えて泣いているだけだから、そのまま泣かせておけばいい。
2．文句を言いたい人には言わせておくしかない。

> ❖ 下線_名詞1（人）_は、下線_名詞2（人）_がすることを（止めて・止めないで）、**放置**している。「そのまま」「ておく」といっしょに使われることが多い。

練習 （　）の中にことばを入れて文を完成させてください。
1．夕方は冷え込むので、遅くまで子供を外で（遊　　　　）ておいてはいけない。
2．若手研究員に開発費を使い放題に（使　　　　）たからといって、成果が上がるとは限らない。
3．2国間の話し合いがこじれている。関係をこれ以上（悪化　　　　）ないよう、歩み寄りの努力が待たれる。

●責任

問6 名詞1（させる人）の気持ちについて、aはbとどんな点で違いますか。
1．a　家族の一員としてかわいがっていたペットを、病気で死なせて、悲嘆にくれている。
　　b　家族の一員としてかわいがっていたペットが、病気で死んで、悲嘆にくれている。
2．a　子供を非行（ひこう）に走らせたことについて、その親は悩んでいる。
　　b　子供が非行に走ったことについて、その親は悩んでいる。

> ❖ 下線_名詞1（人）_の「力不足」や「（　）注意」で、マイナスの結果を与えてしまったと感じている。
> 　下線_名詞1（人）_は**責任**を（感じている・感じていない）。
> 　下線_名詞1（人）_に実際に責任がなくても、責任があると感じている。
> ❖ 名詞2は親しい間柄（あいだがら）や、自分の所有物について言うことが多い。
> ❖「〜てしまう」といっしょに使うことがある。

練習　（　）の中にことばを入れて文を完成させてください。

1．私のかいた地図がわかりにくかったために、友人を道に（迷わせ　）たのではないかと心配している。

2．安くまとめ買いをした野菜を冷蔵庫の奥に入れたまま、（腐らせ　）てしまい、結局、高い買い物をしてしまった。

3．病人に風邪を（引かせない　）よう、気をつけなければならない。

4．ビールを早く冷やそうと思って冷凍庫に入れたのを、すっかり忘れて（凍らせ　）てしまった。

❖「させる」文の意味・機能

名詞1　関わり方　　　　　　　　　　　名詞2が〜する

強制：無理矢理〜させる
誘発：〜（という気持ちに）させる
放置：〜させておく
許可：〜させてくれる
責任：〜させてしまった

❖ 名詞1が、名詞2の気持ちを尊重する場合：許可、放置
　　名詞1が、名詞2の気持ちを尊重しない場合：強制
❖ 名詞1が、名詞2の変化に積極的に関わる場合：強制、許可
　　名詞1が、名詞2の変化に積極的に関わらない場合：放置、誘発、責任

II. 使い方

● 文体 ....

問1-1 次のa．b．のうち、どちらのほうが話しことばで、よく聞かれますか。
1　a．熱が気球を膨張させました。
　　b．気球が熱で膨張しました。
2　a．消費経済が地球の環境を悪化させました。
　　b．地球の環境は、消費経済によって悪化しました。

> ❖「文体」や「文の内容」によって表現方法が変わることがある。例えば因果関係を表すとき次のようなことが言える。
> ・「他動詞文」や「させる文（a）」には（話しことば的な・書きことば的な）硬いニュアンスが生じる傾向がある。
> ・日常の話しことばでは、「自動詞文（b）」のほうが多く使われる。

練習 次の文を書きことば的な表現に直してください。
例．衛生教育が徹底していなかったために、病気が蔓延してしまいました。
　　→衛生教育の不徹底が、病気を蔓延させた。
1．コピー機が普及して、紙の使用量が増加した。
　　→
2．インターネットが発達して、ビジネスのあり方が変化した。
　　→
3．アドレナリンが分泌されると、酸素の消費が増えて、血圧が上昇する。
　　→
4．窓口の職員が高圧的な態度をとったために、利用者は困惑した。
　　→
5．大陸から湿った大気が入ってくると雨雲ができる。そこへシベリアから寒気が流れ込むと、雪が降る。
　　→

問1-2 書きことば的な表現は、a．b．のどちらですか。

1 a．果てしなく広がる車窓の風景が、観光客の目を楽しませてくれる。
　b．観光客は、果てしなく広がる車窓の風景を楽しんでいる。
2 a．転勤の辞令が兄を悩ませていた。
　b．兄は転勤の辞令が出て、悩んでいた。
3 a．何が彼をそうさせたか。
　b．なぜ、彼はそうしたのか。

> ❖「モノが人に−させる」という文は、翻訳調に聞こえる。
> 　このような「させる文」は（話しことば的な・書きことば的な）場面では好まれない。

練習 話しことばと、書きことばで書いてください。

1．奨学金の獲得　彼の夢（膨らむ）
　・話しことば→
　・書きことば→
2．父の死　家族（悲しむ）
　・話しことば→
　・書きことば→
3．3年間の留学生活　彼（大きく成長する）
　・話しことば→
　・書きことば→
4．相談員の助言　登校拒否の生徒（奮い立つ）
　・話しことば→
　・書きことば→

●他動詞と自動詞の使役の使い分け

問2 使えるものを選んでください。
1．CDを（a．止めて　b．止まらせて）、静かな部屋で考えた。
2．被災地支援のために募金を呼びかけたら、30万円（a．集める　b．集まらせる）ことができた。
3．息を吹きかけて、ろうそくの火を（a．消した　b．消えさせた）。

形が対になる他動詞がある場合
- ❖「名詞2」が自分の意志で動けない場合、(「自動詞＋させる」・他動詞）を使う。

4．恩師は後部座席に乗っていただき、弟は助手席に（a．乗せた　b．乗らせた）。
5．警官は、職務権限として、通行中の車を（a．止める　b．止まらせる）ことができる。

- ❖「名詞2」が自分の意志で動ける場合、「自動詞＋させる」を使う。また、他動詞を使うこともある。

●「させる」と他動詞

問3　次の文を自然な日本語に直してください。
1．手入れさえ怠らなければ、毎年花が咲くことができます。
2．野菜は初めにさっとお湯にくぐります。それから、フライパンで炒めてください。
3．日本は戦後重工業を発達してきた。

形が対になる他動詞をもたない自動詞
- ❖他動詞の代わりに「（　　　　）」を使います。
  - 例．咲く－咲かせる　くぐる－くぐらせる　発達する－発達させる

練習　□の中のことばを適当な形に変えて文を完成させてください。

> 長持ちする　凍る　回復する　しっとりする
> 不時着する　ふんわりする　休む　咲く　向上する

1．夏の朝、朝顔は色とりどりの花を（　　　　　　）。
2．冷凍庫でジュースを（　　　　　　）て、シャーベットを作った。
3．私はいつも、柔軟剤を入れて、タオルなどの洗濯物を（　　　　　　）。
4．万年筆は、続けて使うより（　　　　　　）ながら使う方が長持ちする。
5．根菜類を（　　　　　　）ためには、袋から出して冷暗所に保存するのがいい。
6．疲労を（　　　　　　）たいときは、ゆったりと風呂に入ることにしている。

7．機体に異常が発生したという通報を受けた管制塔は、その飛行機を近くの空港に（　　　　　　）。
8．風呂上がりによくマッサージして乳液をぬり、肌を（　　　　　　）のが健康な肌を保つ秘訣だ。
9．このクラスにいる間に作文の力を（　　　　　　）たい。

ちょっと一息 6

「先生を怒らせてしまった」という言い方を聞きました。「させる」という形は目上の人に対して使えないと習いましたが、どうしてこの場合は使えるのですか。

....

「させる」は、「×先生に教えさせる」「×上司に説明させる」など、許可や命令の意味では、目上の人に使えません。
しかし、「○先生を怒らせる」「○父を笑わせる」「○先生を困らせる」などの感情の誘発を表す「させる」は、相手が目上であるかどうかに関係なく使うことができます。

III. 発展

● 比喩(ひゆ)的表現 ....

問1 次のa．b．に注目して、違いを考えてください。

1．子供たちは、（a．目が輝(かがや)き　b．目を輝かせ）、（a．声が弾(はず)み　b．声を弾ませ）ながら、小川の水遊びに興じていた。
2．両親からの忠告に、美恵は（a．口がとがって　b．口をとがらせて）不満そうな様子だった。
3．深夜に帰宅したときは、（a．足音が忍(しの)んで　b．足音を忍ばせて）玄関から部屋に向かう。

> ❖ 慣用的な表現、比喩的な表現に多く見られる。
>
> 　人が　＋　自分の体を　＋　〜させる
>
> 　例．「胸を躍(おど)らせる」は、喜ぶことを表す。

練習　☐の中のことばを適当な形に変えて文を完成させてください。

> 落ち着く　滑(き)る　利く　膨らむ　輝く
> ぶらぶらする　なびく　光る

1．うっかり口を（　　　　　　）て、極秘(ごくひ)情報を話してしまった。
2．あのマンションでは、入り口で管理人が目を（　　　　　　）ているから、居住者は安心だ。
3．入学式では、希望に胸を（　　　　　　）た若者たちが、目を（　　　　　　）て学長の話に耳を傾けている。
4．女子学生たちが、風に髪を（　　　　　　）て、さっそうと自転車で通りすぎた。
5．妹は、友達が来ると、気を（　　　　　　）て、私にもお茶を入れてくれる。
6．発表の前には、緊張を解くため深呼吸して目を閉じて、気持ちを（　　　　　　）た。
7．いすが高いせいか、子供たちは足を（　　　　　　）ている。

問2 下線の表現の意味として、a．とb．のどちらが適切ですか。

1．原稿用紙に<u>ペンを走らせて</u>いると、そこに客が訪ねてきた。
  a．ゆっくり考えながら書く
  b．すらすら書く

2．事故の知らせを受け、現場まで<u>車を走らせた</u>。
  a．車で直行した
  b．調子の悪い車で向かった

3．理想に燃えていたあの頃は、夜遅くまで<u>議論を戦わせた</u>。
  a．実りのない議論をした
  b．激しく議論をした

> ❖ 1．～3．は慣用的な言い方で、様子を表現している。

問3 ＿＿＿＿はだれのことですか。

1 a．典子(のり)が娘に<u>自分</u>の服を着せた。
 b．典子が娘に<u>自分</u>の服を着させた。

2 a．医者が患者に<u>自分</u>の手を見せた。
 b．医者が患者に<u>自分</u>の手を見させた。

> ❖ 文中の「自分」は、「が」で示した人を表す。
> ・典子が娘に自分の服を着せた。
> |典子**が**＋娘に＋**自分**の服を＋着せた。| 自分＝典子
> ・典子が娘に自分の服を着させた。
> 典子が→|娘が **自分**の服を着る| 自分＝娘、典子

練習　下線の「自分」はだれですか。（　　）の中から選んでください。

1 a．父が息子を自分の車に乗らせた。（父・息子）
　 b．父が息子を自分の車に乗せた。（父・息子）
2 a．写真部の先輩部員が新入生に自分の撮った写真を紹介させた。
　　　　　　　　　　　　　　　　　　　　　　（先輩部員・新入生）
　 b．写真部の先輩部員が新入生に自分の撮った写真を紹介した。
　　　　　　　　　　　　　　　　　　　　　　（先輩部員・新入生）
3 a．書道の先生は、生徒に自分の筆で手紙を書かせた。（先生・生徒）
　 b．書道の先生は、生徒に自分の筆で手紙を書いた。（先生・生徒）
4 a．画家は、子供たちに自分でかいた絵を何度も見させた。（画家・子供たち）
　 b．画家は、子供たちに自分でかいた絵を何度も見せた。（画家・子供たち）
5 a．田中さんは、奥さんに自分の財布から本代を払わせた。（田中さん・奥さん）
　 b．田中さんは、奥さんに自分の財布から本代を払った。（田中さん・奥さん）

ちょっと一息 7

「着物を着る」の場合「（人に）着物を着せる」と「（人に）着物を着させる」の2つの形がありますが、「靴をはく」の場合はどうですか。

....

「はく」の場合は1つの形で2つの機能を果たします。「着る」「見る」の例のように、いつも2つの形があるわけではなく、多くは「させる」の形で両方の機能を果たしています。

　　1 a．ヤンさんが着物を着る。　　　2 a．子供が靴をはく。
　　1 b．ヤンさんに着物を着せる。　　2 b．子供に靴をはかせる。
　　1 c．ヤンさんに着物を着させる。　2 c．子供に靴をはかせる。
「見る」、「聞く」も次のようになります。
　　3 a．友達が写真を見た。　　　　　4 a．友達がCDを聞く。
　　3 b．友達に写真を見せた。　　　　4 b．友達にCDを聞かせる。
　　3 c．友達に写真を見させた。　　　4 c．友達にCDを聞かせる。

IV. 総合練習

I．次の会話を完成させてください。
 1．＜不動産屋で＞
 不動産屋：このアパートは、いかがなさいますか。ほかに借りたい方もいらっしゃいますので、そろそろ…。
　　　客：もう一度、周りの環境を確認したいので、あと1日、（検討　　　　　　）。

 2．＜電気店で＞
　　客：ビデオの修理、今週末には間に合いますか。
　店員：明日から、3日間にわたり、工場の方は（休　　　　　　）ので、来週になりますが。

 3．＜会社の受付で＞
 来客：契約のことで参りました。部長は、お戻りでしょうか。
 秘書：10分ほどで戻る予定ですが。
 来客：それでは、ここで（待　　　　　　）。
 秘書：ええ、どうぞ。

 4．＜レストランで食事を終えて＞
 先輩：ここは私が…。
 後輩：いつもご馳走になっているので、今日は私に（払　　　　　　）。
 先輩：そう。後輩に（おごる　　　　　　）ちゃって悪いけど。
 後輩：いいえ、そんなこと。
 先輩：今日はごちそうさま。

5．＜母親へのインタビュー＞
アナウンサー：4歳と6歳のお子さんがいらっしゃるとお母さんは大変でしょう。
　母：ええ、朝、子供たちを7時に（起　　　　）ます。上の子には自分で
　　（着替　　　　）、顔を（洗　　　　　）。下の子はまだ自分でできないので、
　　私が（着　　　　）。朝ご飯は、上の子には、自分で（食　　　　）歯も
　　（磨　　　　）ようにしています。そして、8時には学校へ（行　　　　）。
アナウンサー：夕方はどうですか。
　母：慌ただしいですよ。子供は自分たちで風呂に（入　　　　）。そして、9時
　　には（寝　　　　）ようにしてます。

Ⅱ．次の文を完成させてください。6．は動詞の形を変えてください。
1．「論より証拠」とは、ものごとを（はっきり　　　　）ためには議論するより
　証拠を出す方がいいという意味である。

2．人が目立つよう、有利になるようにし向けることを「花を（持　　　　）」という。

3．心配そうな顔つきになることを「顔を（曇　　　　）」という。

4．「かわいい子には旅をさせよ」ということわざは、わが子のためには、＿＿＿＿＿＿＿＿
　＿＿＿＿＿＿＿＿＿＿＿＿＿＿＿＿＿＿＿＿＿＿＿＿＿＿＿＿＿＿＿＿＿のではなく、
　いろいろなことを（経験　　　　）ほうが子どものためになるという意味
　です。

5．＜〇〇社の新人教育の方針＞
　わが社では、経営を（安定　　　　）ために、適性の高い人材を確保し、早くか
ら責任のある仕事に（就　　　　）。取引先との交渉にも一人で（行　　　　）。
問題が生じたら、上司がすぐ解決に走るのではなく、本人に（考　　　　）、自
分で（解決　　　　）ようにしています。つまり、能力を（発揮　　　　）られ
るような環境作りを目指しています。

6．＜いちごケーキの作り方＞
　　いちごは水に（くぐる　　　　　　　　）軽く洗う。水で
　　（湿る　　　　　　　）ふきんをかぶせておく。スポンジケーキにブランデーを
　　（含む　　　　　　　）。いちごを5、6個つぶして、スポンジケーキにもいち
　　ごの色を（しみ込む　　　　　　　　）。（中略）できあがったら、新鮮さを
　　（長持ちする　　　　　　　　）ために、密封して冷蔵庫で冷やしておく。

Ⅲ．1、2、3、4は（　）の中を完成させてください。5、6は□の中の動詞を
　　選んで、適当な形に変えてください。複数の形がある場合は違いを考えてください。

1．コメディアンの話によれば、テレビや大劇場の出演よりも小さな劇場で人々を
　（笑　　　　　）ほうが、よほど楽しいということだ。人々との触れ合い、予
　想しなかった出来事、直接（伝　　　　　）笑い声と笑い顔は、生ならではの
　ものだ。
　　★コメディアンとは、人を（笑、びっくり、興奮、楽）＿＿＿＿＿＿＿＿
　　　＿＿＿＿＿＿＿＿＿＿＿＿＿＿＿＿＿＿＿＿＿たりする人のことです。

2．木曽三川が合流する地域は、輪中と呼ばれているが、例年、台風の頃になると、
　川の増水や氾濫で人々を（困　　　　　）続けてきた。最近では、治水工事が成
　功し、上流での集中豪雨などで住民を（慌　　　　　）ことも少なくなった。

3．OA機器を使う人はかなり神経を（集中　　　　　）、視神経を（疲労　　　　　）
　ます。体全体にストレスを（生　　　　　）ます。ほんの少しの間でもいいから、
　体も気持ちも（リラックス　　　　　）て、自分を癒してやることは大切だと思
　います。
　　　　　　　　　　　　石井幹子『フィンランド　白夜の国に光の夢』日本放送出版協会より

4．そもそも、のどと口の形態をどのように（変化　　　　　）、どういう具合に息
　をはき出せばどんな音が（出　　　　　）くるのか赤ちゃんにはつかめていない。
　（中略）そこで、赤ちゃんは場当たり的にいろいろな種類の音を規則性なしに
　（出　　　　　）ことになる。一度あるタイプの音が（出　　　　　）から
　といって、時間をおいて、さあ、もう一度同じ音を（出　　　　　）ごらんと
　いって（試　　　　　）ようとしても、もう難しい。
　　　　　　　　　　　　正高信男『0歳児がことばを獲得するとき』中央公論社より

5．Aさんは、長女（3歳）を都内にあるインターナショナルスクールに（　　　　　）た。大手メーカーに勤める夫が米国に転勤、現地で生まれた長女は自然に英語が口をついて出る。「せっかくの英語力。（　　　　　）たくない」。昨年の帰国以来、学校探しに奔走。「帰国子女なんて珍しくない」と断られ続けたが、何とか今の学校に（　　　　　）た。

『エルダー経済ニッポン　学歴価値観揺さぶる』日本経済新聞1999年9月17日より抜粋

> 滑り込む　　腐る　　入園する

6．熱帯以上に暑いと言われる日本の夏。（中略）熱帯植物を上手に育てられます。（中略）砂漠のバラと称されるアデニウムは（略）、かつては非常に高価に（　　　　　）。そのため、栽培も慎重になり、（　　　　　）ないように大切に扱ったものでした。タイのバンコクではアデニウムが無造作な扱いで見事に育ち、豪華な花をたくさん（　　　　　）ています。寒さに極めて弱く、完全断水して乾かしてあっても霜に当てたり、（　　　　　）たりしたら腐ってしまいます。

清水秀男「花と緑」朝日新聞1999年6月22日より

> 咲く　　取り引きする　　凍る　　腐る

Ⅳ．（　　）の中を完成させ、問に答えてください。

<はなさか>
＜花咲じいさん＞

　むかしむかし、ある所に、二人のじいさまが隣り合って住んでいた。一人は、働き者の、もう一人は怠け者のじいさまだった。働き者のじいさまのところに、犬が迷い込んできた。子供のいない老夫婦はシロと名づけ、たいそうかわいがった。ある日、山へ行くと、シロは「ここを掘ってみてくれ」と言った。じいさまが（言　　　　　）とおりに掘ってみると、大判小判がざくざく（出　　　　　）。

　家へ帰って、ばあさまとながめていたら、となりのばあさまがやって来ていろいろ尋ねた。まじめなじいさまが、シロに（連　　　　　）て行った話をしたら「その犬を一日貸してくれ」とたのんできた。となりのじいさまはシロをかりて、聞いたとおりに山へ行ってシロが座り込んだところを（掘　　　　　）。すると、へびやむかでが（出　　　　　）。怒ったじいさまは、「よくもこんなところを（掘　　　　　）な。」と、怒ってシロをたたいて（死　　　　　）てしまった。そこにシロを埋め、柳の枝を一本さして帰ってきた。

　その話を聞いた、まじめなじいさまは、大変悲しみ、次の朝、山へ行ってみた。する

43

と、柳の枝は大きな木になっていた。犬の思い出にと思って、その木を切ってうすを作った。うすを使って米を粉にしていると、大判小判がさらさら（出　　　　）。これを聞きつけた隣のばあさまが、うすを借りて使うと、牛のふんが落ちてきた。じいさまは、怒ってうすをたたき割って（燃　　　　）てしまった。それを知った働き者のじいさまは悲しみ、「せめて（燃　　　　）灰を」といって持ち帰った。

　じいさまが、死んだシロのことを心から嘆き悲しんでいると、どこからともなく風が吹いてきて、灰を吹き上げた。すると桜の木には桜の花が、梅の木には梅の花が咲いた。そこへ、殿様の行列がきて、「これはめずらしい、じいよ、そこの枯れ木に花を（咲　　　　）てみよ」と言われた。するとどうだろう。枝という枝に花が咲いたのである。殿様は喜んでたくさんごほうびをくださった。

　それを聞きつけたとなりのじいさまは、また、同じように灰を集めてまいた。しかし、花が咲くどころか、殿様の目に灰が（入　　　　）、殿様を（怒　　　　）てしまった。そして、殿様になわで（縛　　　　）てしまったんだとさ。おしまい。

問　この話の要約です。（　）のことばを使って、文を完成させてください。
1．働き者のおじいさんが（シロ、言う）　　　　　　　　　　　　　ところを掘ると大判小判が出てきました。しかし、怠け者のおじいさんが掘ったときには、へびが出てきたので、おじいさんは（「よくも、、、」と言って怒る、シロ、たたく、死ぬ）
_____
_____
_____

2．働き者のおじいさんが灰をまくと枯れ木に（花、咲く）　　　　　　ことができましたが、怠け者のおじいさんがまくと、（灰、殿様の目、入る、殿様、怒る、なわ、縛る）
_____
_____

③ （ら）れる（受身）

ウォームアップ

Ⅰ．次の文の間違いや不自然な表現を直し、説明してください。
　1．名古屋の徳川美術館には、徳川家の家宝が保存している。
　2．庭で蜂によって刺されましたが、すぐに手当てをしたので大丈夫でした。
　3．大自然のあまりのすばらしさに、感動されらせた。
　4．食べようと思って残しておいたケーキが兄に食べられました。
　5．時間が私を追いかける忙しい毎日です。
　6．子供のとき母が私を叱って、私はよく泣いた。
　7．臓器移植の記事を読んで、生命についてしみじみと考えさせました。

Ⅱ．a、bの意味の違いは何ですか。
　1．「シブヤ」は何ですか。（例　場所、人など）
　　　a．スポーツセンターがシブヤに建てられた。
　　　b．スポーツセンターはシブヤによって建てられた。
　2．話し手が断定を避けているのはどちらですか。
　　　a．この事件は外交問題には発展しないと思う。
　　　b．この事件は外交問題には発展しないと思われる。
　3．どんな場合に使いますか。
　　　a．私は、昨年小説に書かれました。
　　　b．この小説は、昨年書かれました。
　4．書きことばでよく見られるのはどちらですか。
　　　a．災害復旧支援基金は有志の手によって設立された。
　　　b．災害復旧支援基金は有志が自分たちで作った。

I.「(ら)れる」の形と意味・機能

❖「られる」文の形

名詞1 が 名詞2 に 〜(ら)れる

書く　　　　kak **u** → **areru**
開ける　　　ake **ru** → **rareru**
保存する　hozon **suru** → **sareru**

❖「られる」文の意味

名詞1 ←影響── 名詞2が 〜する
　　　　　　　　　　できごと

a. 私が 蜂に さされる
　　名詞1 名詞2

私 ←影響── 蜂がさす

b. 私が 兄に ケーキを 食べられた
　　名詞1 名詞2

私 ←影響── 兄がケーキを食べる

❖ 受身文の 名詞1 は、できごと 名詞2が 〜する の影響を、直接的（a.）または間接的（b.）に受ける。

問1 1文に2人の人が現れます。どちらの文が自然ですか。

1 a. だれかが姉に声をかけた。
　b. 姉はだれかに声をかけられた。

2 a. ボーイフレンドは私に結婚を申し込んだ。
　b. 私はボーイフレンドに結婚を申し込まれた。

❖ 1つの文に人が2人現れるとき、主語は次のような順で選ばれやすい。
　（　　　　　　）＞ 二人称（あなた）＞ 三人称
　　例．私 ＞ 知らない人、友達（　　）私、だれか ＜ あなた
こうして主語が選ばれた結果、受身文が使われることがある。

練習　2人の人称を考え、☐ からことばを選んで適当な形にしてください。

聞く　　かける　　誘う　　招待する

1．アカデミー賞を受賞した映画を見に行かないかと、姉に（　　　　　）ている。
2．「知り合いの家での食事に（　　　　　）たときは、ワインか花を持って行くといいですよ」
3．アンケート調査の設問には、（　　　　　）ても答えられない質問が時々ある。
4．道で突然声を（　　　　　）て振り向いたら、人違いのようだった。

問2　次の文は自然な文ではありません。理由を考えてより自然な文にしてください。
1．風習が女性たちを縛っていた。→
2．ドアが秋田さんの手を挟んだ。→
3．仕事の重圧が社員をつぶしそうだ。→

❖ 1文に人とモノが現れたとき、主語は次のような順で選ばれやすい。
　　　　人 ＞ モノ（人以外）
　三人称の中：親族 ＞ 人間 ＞ 動物 ＞ 無生物（自然の力 ＞ 地名）
　　例．伝統 ＜ 人、学生 ＞ 環境、父（　　）風、人間（　　）経済社会
❖「モノが人に対して主語になる」のが不自然と感じられて、それを避けるために受身文が使われることがある。

練習　主語を選んで自然な日本語で文を作ってください。
1．（友人の手紙　私）励ます

2．（時間　私）追う

3．（眠気　みんな）襲う

4．（規則　生徒たち）縛る

● 助詞

問3　適当な助詞を入れてください。
1．「こころ」は、夏目漱石（　　　　）書かれた小説である。
2．黒っぽい紙（　　　　）書かれた鉛筆の文字は読みにくい。
3．豊田氏（　　　　）豊田市（　　　　）建てられた建物がある。
4．経済改革の問題が新聞（　　　　）大きく取り上げられている。

> ❖「によって」は次のような場合に使われる。
>   ①「出現」を表す動詞
>   例．建てる、書く、作る、発見する、など
>   ②（柔らかい話しことば・硬い書きことば）の中
>   ？この味噌汁は母によって作られました。
>   ○法隆寺は聖徳太子によって建立されたという。
> ❖「出現の場所」を表す助詞は（に・で）が使われる。
>   例．当時の様子が書物に記述されている。

5．だれ（　　　　）も愛される人とはどんな人か。
6．「ドラえもん」は、国境を越えて、子供たち（　　　　）慕われている。
7．学生たちは教師（　　　　）与えられたテーマに基づいてレポートを作成した。
8．サンタクロース（　　　　）子供たちにプレゼントが送られた。

> ❖心情を表す動詞（　例．好く、嫌う、尊敬する、愛する、思うなど　）では、「人から」または「人に」が使われる。
> ❖方向のある動詞（　例．送る、渡す、勧めるなど　）では、「人から」を使った方が誤解が起こらない。「人に」は2通りの意味を持つことがある。
>   例．妹に渡された手紙：「妹が渡した手紙」「妹が受け取った手紙」

練習

1．この小説は中国の作家（　　　）書かれ、日本の監督（　　　）映画化された。
2．金閣寺(きんかくじ)は、1397年に足利義満(あしかがよしみつ)（　　　）京都（　　　）建てられた。
3．上司（　　　）酒を勧められたら、なかなか断りにくいものだ。
4．恐竜の卵が地質学者（　　　）世界各地で発見されている。
5．センター長（　　　）学生（　　　）修了証が渡される。
6．水谷さんは、同僚（　　　）独身だと思われていた。

❖ 「られる」文の意味・機能

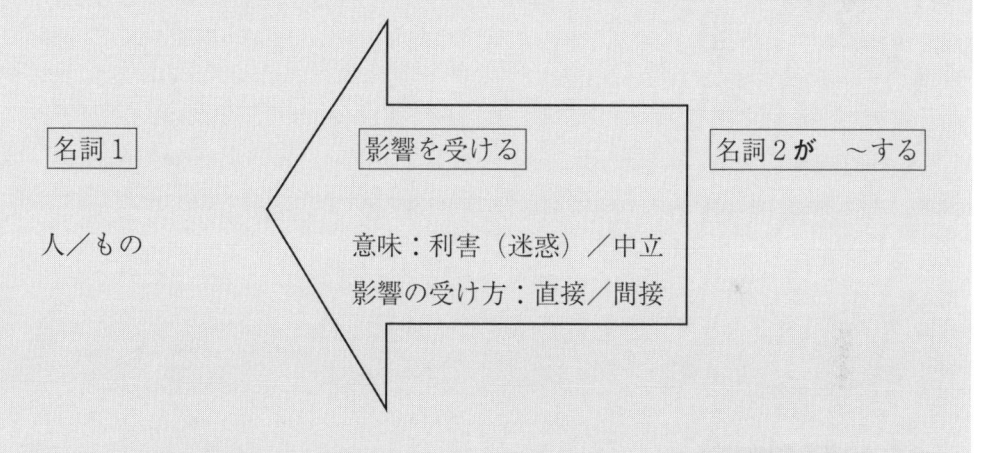

| 名詞1 | ← 影響を受ける | 名詞2が　～する |

人／もの

意味：利害（迷惑）／中立
影響の受け方：直接／間接

❖ 「られる文」は意味も形も多様であるが、**名詞1が何かの影響を受けたと話し手がとらえている場合に使う。**
❖ 利害（迷惑）／中立については、Ⅱ．問3～問5で見ていく。
　例　向かい側に高層ビルを建てられて、日が当たらなくなった。
❖ 「もの」が主語になる受身は、Ⅱ．問1、Ⅲ．などで見ていく。

ちょっと一息 ⑧

受身文の動作・作用主は、いつも「に」「によって」「から」で表されるのですか。

....

上のもの以外に、次のような「で」を使う例もあります。
    1．会社倒産の話は、すでに前から、関係者のあいだでうわさされていた。
    2．学園祭は、学生たちの手で進められた。
    3．菜の花で覆われた畑は、春を感じさせてくれる。
これらは、動作主というより、場所や道具としての意味をもつと考えられます。
    4．「ごめんなさい」の一言も、加害者の口からは発せられなかった。
    5．子どもの頭から考え出されたものには、ときどき大人の発想を越えたものがある。
このように「人から」ではなく、「人の＋身体＋から」という言い方もあります。

参考：工藤真由美（1990）「現代日本語の受け身文」『ことばの科学』4

II. 使い方

● 報道文—簡潔な表現 ……………………………………………………………

問1 a、bは、どんなときによく使われますか。

1 a．たくさんの人が黒沢の映画を知っている。
  b．黒沢の映画は広く知られている。
2 a．明日議長が臨時国会を召集することになっている。
  b．明日臨時国会が召集されることになっている。

> ❖「だれが何をした」という文で、「だれが」したか、はっきり（言える・言えない）場合や、「だれが」したか、具体的に言う必要が（ある・ない）場合、「(だれ・何)」が主語に選ばれて、受身文が作られることがある。
> ❖ 簡潔な言い方が必要な説明文や報道文では、このような受身文がよく見られる。

練習 （　　）から主語を選び、□□□の中から選んだ動詞を適当な形にして、文を完成させてください。

> 逮捕する　　言い渡す　　使う　　引き上げる

1．（大勢の人／この電子辞書）：（　　　　　　）よく（　　　　　　）。
2．（警察／殺人犯）：昨日未明（　　　　　　　　　　　　　　　）。
3．（政府／消費税）：（　　　　　　）3％から5％に（　　　　　　）。
4．（裁判所／判決）：明日（　　　　　　　　　　　　　　　　　）。

● 視点 ……………………………………………………………………………

問2 わかりやすい文に直してください。

1．ボーイフレンドは私に結婚を申し込み、私はすぐ返事をした。
2．先生がアルバイトをやめて勉強しなさいとリンさんに言って、リンさんは困っている。
3．上司は私に遅くまで残業させて、私は困った。

❖ 主語は、(変わる・変わらない) 方が、わかりやすい。
❖ 主語を統一するために受身文が選ばれることがある。

練習 次の文を完成させてください。

例．町を歩いていたら、突然＜だれか／（私の）名前を呼ぶ／びっくりした＞。
　→町を歩いていたら、突然名前を呼ばれて、びっくりした。

1．バスの中で、＜だれか／（私の）足／踏む／痛かった＞。
　→

2．リーさんは、＜会社／（リーさんの）長年の功労／表彰する／国の両親に報告した＞。
　→

3．授業中に手紙を書いていたら、＜友達／（私に）注意する／恥ずかしかった＞。
　→

4．友達ができた。その人からいっしょに旅行に行こうと＜誘う／断った＞。お金も時間もないからだ。
　→

5．友達ができた。いっしょに旅行に行こうと＜誘う／断った＞。お金も暇もないそうだ。
　→

● 「迷惑」の意味

問3-1 イ、ロ、ハ、ニの中で自然でないものを１つだけ選んでください。
理由も考えてください。

1 a．(イ．友達にいろいろしゃべられて　ロ．友達がいろいろしゃべって)、私の立場がまずくなりました。
　b．(ハ．友達にいろいろ話されて　ニ．友達がいろいろ話して)、おかげで問題が早く解決しました。

2 a．突然(イ．友達に来られて　ロ．友達が来て) 試験に遅刻した。
　b．(ハ．友達に来られて　ニ．友達が来て) ゆうべ遅くまで、議論しました。

> ❖ 受身文に（　　　　）の意味が生じることがある。
>
> 名詞1　←　　名詞2　が　〜する
> 　①　　　影響　　　②
>
> その場合、①は「②のことに困ったり迷惑に感じている人」である。

練習　＿＿＿に注意して文の意味を考えて、1、2、3、4、5は（　）の中を完成させてください。6、7は（　）の動詞を適当な形に直してください。

1．「窓口の仕事って、いつも文句ばっかり（言　　　　）て、嫌になっちゃう」
2．警察では犯人に（自殺　　　　）のをいちばん恐れている。
3．病院では3人の看護婦に同時に（休　　　　）と、仕事が回らなくなる
4．「引っ越しの日に、うちの前に大きなバイクを（止　　　　）、作業ができなくて、本当に困った」
5．子供に（死　　　　）親は、見るのもつらい。
6．「道を歩いていたら、急にわきから犬に（吠える　　　　）て、まいったよ」
7．「そんなに勝手なことばかり（する　　　　）たんじゃ、こっちもたまらない」

問3-2　「られる」に「迷惑」の意味が生じているのはどちらですか。どんなときにそうなりますか。

1 a．つまみ食いをして、母に叱られました。
　b．掃除を手伝って、母に褒められました。
2 a．大きな声で名前を呼ばれた。遅刻したからだ。とても恥ずかしかった。
　b．卒業生は順番に大きな声で名前を呼ばれて、「はい」と返事をした。
3 a．向かい側に高層ビルを建てられて、日が当たらなくなった。
　b．金閣寺は1397年に建てられた。

> ❖「迷惑」の意味は「文」「文脈」の意味によって生じる。
> ❖「迷惑」の意味は（報道文・会話文）より（報道文・会話文）に出やすい。

練習　（　）の中に「が」か「を」を入れてください。迷惑の意味をより感じるのはどちらですか。

1 a．都市計画で町には、次々大きなビル（　　　　）建てられた。
　b．うちの前に大きなビル（　　　　）建てられて、海が見えなくなってしまった。

2 a．新聞によると、上野の美術館でピカソの絵（　　　　）盗まれたそうだ。
　b．ピカソは、自分で描いた絵（　　　　）盗まれてしまった。

> ❖「人が〜を〜られる」は、「〜が〜られる」より個人的な話題で使われることが多く、「迷惑」の意味を（生じやすく・生じにくく）なる。

問4 話す人が不快に感じているか、嬉しいと感じているかを考えて、文を完成してください。

1 a．最後に食べようと思って残しておいた大好物を、弟に（食　　　　）。
　b．食べられないわけではないが、苦手な魚を弟に（食　　　　）。
2 a．ハイキングのとき、突然雨に（降　　　　）、ずぶぬれになってしまった。
　b．日照りが続いたが、久し振りに雨が（降　　　　）、草や木が生き返った。
3 a．眠そうな顔をして座っていたら、友達に写真を（撮　　　　）、恥ずかしかった。
　b．昨日初めてゆかたを着たので、友達に写真を（撮　　　　）。

> ❖恩恵の気持を表したいときは、「（　　　　）」「（　　　　）」などを使う。

練習 次の文を完成させてください。（「！」は注意の印です。）

1 a．友達に英語のスペリングを（直　　　　）て、恥ずかしかった。
　b．友達に英語のスペリングを（直　　　　）て、助かった。
2 a．ヒンディー語の手紙が届いて困っていたら、インドからの留学生が
　　（読　　　　）た。
　b．両親に内緒で旅行に行く計画を立てていたが、日程をメモした紙を母に
　　（読　　　　）てしまった。
3 a．前から見たいと思っていた映画に山本さんが（誘　　　　）たので、一緒に見に行った。
！b．山本さんに（誘　　　　）て、映画を見に行った。

● 使役受身

問5 次の「させられる」にはどんな意味がありますか。

1 a. 試験前だというのに、兄に部屋を掃除させられた。
  b. 試験前だというのに、兄に言われて部屋を掃除した。
2 a. 山田さんは、自分の結婚式の前に、木村課長に、海外出張に行かされた。
  b. 山田さんは、自分の結婚式の前に、木村課長の指示で海外出張に行った。

❖「させられる」:「その人の意志ではなく、影響を受けてそうした」という
　　　　　　　意味を表す。その結果、「迷惑に感じている」という意味
　　　　　　　が生じやすくなる。使い方は、問3に似ている。
❖ 迷惑に感じているかどうか言えない、次のような使い方もある。
　（問4参照）
　　例．子供の頃、よく手伝いをさせられたおかげで、家事には自信がある。
　　　　西田先生の授業では、宿題、レポート、発表とよく勉強させられたの
　　　　で、文章を書いたり、人前で話したりするのが苦にならなくなった。
❖ 使役受身の形
　　　　行く ── 行かせられる ──（　行かされる　）
　　　　読む ── 読ませられる ──（　　　　　　）
　　　　やる ── やらせられる ──（　　　　　　）
　　　　話す ── 話させられる ──（────────）
　　　　食べる ─ 食べさせられる
　　　　する ── させられる
　　　　来る ── 来させられる
　　　　五段動詞（u-verb、strong verb）の「〜せられる」はふつう
　　　　「　　　」という縮約形になる。

練習 次のことばをヒントにして「させられる」の文を作ってください。

1. 急な仕事が入る　　上司　　山田さん　　毎日残業する

2. 家主の都合　　加藤さん　　引っ越しをする

3. 口の上手なセールスマン　　母　　使わない化粧品　　買う

4．大雪　　バスの運行中止　　山道　　1時間　　歩く

5．あの病院に行く　　大量の薬　　飲む　　なるべくかかりたくない

6．発表者が欠席　　準備してない私　　代わり　　発表する　　しどろもどろになる

ちょっと一息 ⑨

「ドアが開けられる」は可能か受身か、形から判断できますか。

　　　a．歴史博物館では、毎朝9時ぴったりに入口のドアが開けられる。
　　　b．子供は、4歳ぐらいになれば取っ手に手が届くようになって、ドアが開けられる。

a．は受身、b．は可能です。「ドアが開けられる」だけでは可能か受身か判断できませんが、実際の使用場面ではそれ以外の情報によって判断することができるでしょう。また

　　　c．山本先生は教室にお入りになるとき、いつも教室の前の方のドアを開けられる。

では、「開けられる」は尊敬になります。

つまり、一段活用（2グループ、弱変化）の動詞では、可能、受身、尊敬の形が同じです。可能と受身は、「―に―られる」と構文も同じですが、「―に」の機能が異なります。

もう1つ例を見てみましょう。

　　　「新人の先生に教えられる」
　　　a．長く教師をしていると感覚が鈍ってくることがあるね。新人の先生に（は）教えられるよ。
　　　b．この教材なら大丈夫。新人の先生に（も）教えられるよ。
　　　c．校長先生は、指導のあり方について新人の先生に教えられる。

a．は受身、b．は可能、c．は尊敬です。

まとめの練習

練習1 「～した人」はだれですか。

1 a．子供の頃は、母によくピーマンを食べさせられた。「食べた人」＝（私　）
　b．子供の頃、よく姉にお菓子を食べられた。　　　　「食べた人」＝（　　）
　c．病気のとき、姉は好物のメロンを食べさせてもらった。
　　　　　　　　　　　　　　　　　　　　　　　　　「食べた人」＝（　　）
　d．母は私たちに野菜をたくさん食べさせた。　　　　「食べた人」＝（　　）

2 a．延々3時間も同じ話を聞かされた。　　　　　　　「聞いた人」＝（　　）
　b．隣のおじいさんから延々3時間も同じ話を聞いた。「聞いた人」＝（　　）
　c．ゆうべは100人の人たちに国の昔話を聞かせた。　「聞いた人」＝（　　）
　d．向かいのおばあさんが土地の歴史を聞かせてくれた。
　　　　　　　　　　　　　　　　　　　　　　　　　「聞いた人」＝（　　）
　e．鼻歌を歌っていたら、ヤンさんに聞かれてしまった。
　　　　　　　　　　　　　　　　　　　　　　　　　「聞いた人」＝（　　）

練習2 ＜　　＞に注意して、次の文を完成させてください。

1．＜仕事をした人＝私＞
　新入社員の頃は、早朝からわけのわからない仕事を（　　　　　　）たものだ。

2．＜待つ人＝患者＞
　あの病院はいつも込んでいる。患者を2時間も（待　　　　　）ておいて、診察は3分だ。

3．＜飲んだ人、歌った人＝私＞
　ゆうべのコンパでは、お酒はたくさん（飲　　　　　）し、カラオケでは何曲も（歌　　　　　）し、本当に大変だった。

4．＜コピーをする人＝山田さん＞
　会議の資料は、山田さんに（コピー　　　　　）てもらいましょうか。

5．＜コピーする人＝私＞
　会議の資料は、山田さんに聞いてから（コピー　　　　　）てもらいましょうか。

6．＜コピーをした人＝だれか＞
　会議の資料を、いつの間にかだれかに（コピー　　　　　）てしまったらしい。

III. 発展

問1 イ、ロ、ハ、ニの4つの中で1つだけ自然でないものがあります。どれですか。また、なぜですか。

1 a．父は（イ．電話　ロ．母）に起こされた。
　b．（ハ．電話　ニ．母）が父を起こした。
2 a．鈴木さんは（イ．花火の音　ロ．木村さん）に誘われて、ふらっと出かけた。
　b．（ハ．花火の音　ニ．木村さん）が鈴木さんを誘った。
3 a．友達は今（イ．時間　ロ．警察）に追われている。
　b．（ハ．時間　ニ．警察）が友達を追っている。

> ❖ Ⅰ．の問2で見たように、「モノが人を　～した」とは言いにくい。
> 「モノが人に影響を与えたこと」を描くには、次の方法がある。
> ①自動詞で表す
> 　例．＜起きる＞　電話が鳴った（　　　　）起きてしまった。
> 　　　　　　　　　電話が鳴（　　　　）、起きた。
> 　　　　　　　　　電話（　　　　）、起きた。
> ②他動詞の受身で表す
> 　例．＜起こす＞　電話で起こされる。
> ①：日常会話でよく使われる
> ②：比喩的なニュアンスが生じて、慣用的な表現も多い
> 　例．時間に追われる生活を中断して、旅に出ようと思う。

●慣用的な表現 ……………………………………………………………………

練習 文を完成させてください。

1．伝統を守っていくべきだという考えの人々がいる一方、伝統に（縛　　　　　）のは無意味だと主張する人々もいる。
2．交差点の角のマンションに住んでいるので、いつも騒音に（悩　　　　）ている。
3．春の陽気に（誘　　　　）て川辺を散歩した。
4．友人からの親切な手紙に（励ま　　　　）たり（勇気づけ　　　　　）たりした。

● 話しことばと書きことば（文体）……………………………………………………

問2 a、bはどう違いますか。

1　a．インフルエンザで高熱を出し、激しい頭痛に襲われた。
　　b．インフルエンザで高い熱が出て、頭がとても痛かった。
2　a．来週国際環境会議が開催されます。
　　b．来週国際環境会議があります。

❖ 文体の違い
　　a＝（話しことば・書きことば）に多い
　　b＝（話しことば・書きことば）に多い
❖ 話しことばでは、受身表現を使う代わりに、「日常的な身近なことば」で表現されることが多い。
　　例．設立される→できる、（人が）つくる
　　　　開催される→ある

練習　ヒントを見て次の書きことばを話しことばに変えてください。（2回使うものもある）　___　には助詞を入れてください。

1．交差点の角のマンションに住んでいるので、いつも騒音に悩まされている。
　→交差点の角のマンションに住んでいるので、いつもうるさくて（　　　　）。
2．来週『源氏物語』についての特別番組が放送されるとのことだ。
　→来週『源氏物語』の特別番組が（　　　　）そうです。
3．1998年冬、長野でオリンピックが開催された。
　→1998年冬、長野でオリンピックが（　　　　）。
4．本田技研工業株式会社は、本田宗一郎によって設立された。
　→ホンダ技研___本田宗一郎___（　　　　）。
5．ほうれん草にはビタミンが多く含まれている。
　→ほうれん草にはビタミンがたくさん（　　　　）。
6．広告に誘われて、つい新製品を買ってしまった。
　→新製品の広告を見たら（　　　　）くなって、つい買ってしまいました。

　　ヒント　欲しい　作る　困る　ある　入る

問3-1 次のa、bは同じ意味ですか。
1 a．戦争の混乱の中で、人間の嫌な面をさんざん見せられた。
　b．友達に証拠写真を見せられたので、嘘をついたことを白状してしまった。
2 a．悩みごとがあっても、何かに集中していれば救われる。
　b．雪山で遭難したが、救助隊に救われて一命を取り留めた。

❖ bでは、だれかが「見せたり」また「救ったり」したことが描かれているが、aでは、そのような具体的なだれかは描かれていない。aは、主語の人が（自分でそう感じた・だれかにそうされた）という意味を表す。

練習
1．異文化の中で生活すると、いろいろなことを（教　　　　）ます。
2．新しい環境に慣れるのはたいへんだが、学ぶ機会を（与　　　　）たのだとも言える。
3．戦争中はいろいろなことがありました。戦争には（鍛　　　　）。

問3-2 次のa．b．は両方言えますが、「させられる」は、どんなときに使いますか。動詞の特徴は何ですか。
1．この映画を見て多くのことを（a．考えさせられた　b．考えた）。
2．今日の野球の試合には最後まで、（a．はらはらさせられた　b．はらはらした）。
3．ボランティアで働く若者の姿には（a．ほっとさせられる　b．ほっとする）ものがある。

❖ 動詞の特徴：「思考」「感覚」を表す動詞
　　例．考える、感じる、（　　　　　）、（　　　　　）、、、
❖ Ⅱ．問5．で、「させられる」にいつも迷惑の意味があるとは限らないことを確認した。
「考えさせられる」「感じさせられる」は、話し手が「〜に強い印象を受けた」ととらえている場合の用法である。問3-1と同様に、具体的にだれかが働きかけたというわけではない。

練習　□の中からことばを選んで、文を完成させてください。

> 考える　　感じる　　どきっとする　　　心配する

1．祖母の身の上話には、時代の変化を（　　　　　　　　）。
2．親は子供の何気ない一言に（　　　　　　　）ことがある。
3．親は、子供のことで（　　　　　　　　　）ことがある。
4．環境問題の記事を読んで、いろいろ（　　　　　　　　　）た。

問3-3　＿＿＿部に注意して、話し手の意図（伝え方）を考えてください。
1 a．経済不況は山場(やまば)を越えたと考える。
　b．経済不況は山場を越えたと考えられる。
　c．経済不況は山場を越えたと考えられている。
2 a．この企画案はリスクが大きいと判断する。
　b．この企画案はリスクが大きいと判断される。
　c．この企画案はリスクが大きいと判断されている。

❖ 判断を表す動詞の「られる」形は、判断を保留したり、（断言する・断言を避ける）ときに、多く使われる。
　　例．推測される、予測される、判断される、見られる、考えられる、、、
❖ （日常会話・報道文）などに多く見られる。
❖ 文末に「〜ている」があると「第三者」の判断などを表す。

練習　次の文を完成させてください。
1．大陸に張り出した高気圧によって台風の進路が変わると（　　　　　　）。
2．2010年ごろには、石油から水素エネルギーに変わるだろうと（　　　　　　）。
3．子供の犯罪は、大人社会の影響によると（　　　　　　）。

ちょっと一息 ⑩

「努力が報われる」というときの「報われる」の基本形は「報う」ですか。

現代語では「報いる」という形が使われ、「報う」という形では使いません。ほかにも、「悪夢にうなされる」「火事に焼け出される」とは言いますが、「うなす」「焼け出す」という動詞はありません。このほか、「才能に恵まれている」「仕事に忙殺される」「大自然の魅力にひかれる」「人柄に魅せられる」「時間に追われる」「社会の荒波にもまれる」「機械に遊ばれる」などの文は、「才能が私を恵んでいる」などと、能動文で用いられることはありません。

ちょっと一息 ⑪

「失敗が悔やまれる」という言い方は「失敗を悔やむ」とどう違いますか。

「悔やまれる」には、「自然とそういう気持ちになる」という意味が含まれています。このような意味を持つものは、ほかにもあります。

　　写真を見ていると、あの頃のことが思い出される。
　　こう寒い日が続くと、本当に春が待たれますね。
　　そんなことを頼まれても、お引き受けするかどうかちょっとためらわれますね。
　　再発防止のためにも、犯人逮捕(たいほ)が急がれます。

これらは、「思い出す」「待つ」「ためらう」「急ぐ」とは微妙に意味が異なり、「自発動詞」として別に扱うことが多いです。

ちょっと一息 ⑫

次の文章は、川端康成（かわばたやすなり）の「伊豆（いず）の踊り子」の冒頭部分です。

　道がつづら折りになって、いよいよ天城峠（あまぎとうげ）に近づいたと思う頃、雨脚（あまあし）が杉の密林を白く染めながら、すさまじい早さで麓（ふもと）から私を追ってきた。
　私は二十歳、高等学校の制帽をかぶり、紺飛白（こんがすり）の着物に袴（はかま）をはき、学生カバンを肩にかけていた。一人伊豆の旅に出てから四日目のことだった。修善寺温泉（しゅぜんじ）に一夜泊り、湯ヶ島温泉（ゆがしま）に二夜泊り、そして朴歯（ほおば）の高下駄で天城を登って来たのだった。重なり合った山々や原生林や深い渓谷の秋に見惚れながらも、私は一つの期待に胸をときめかして道を急いでいるのだった。そのうちに大粒の雨が私を打ち始めた。折れ曲がった急な坂道を駆（か）け登った。
　ようやく峠の北口の茶屋に辿（たど）りついてほっとすると同時に、私はその入口で立ちすくんでしまった。余りに期待がみごとに的中したからである。そこに旅芸人の一行が休んでいたのだ。

川端康成『伊豆の踊子』学習研究社より

ここでは、「雨脚が私を追いはじめる」「雨が私を打ち始める」といった表現がみられます。日本語では、「人」と「人以外のもの」を一文に取り込むとき、「人」のほうが、主語に選ばれる傾向があると述べましたが、特別な効果をねらった文学作品などには、このような非日常的な表現が見られます。

IV. 総合練習

I．（　）のことばの形を変えて、意味の通る文にしてください。8．は（　）の中を完成させてください。

1. 「李下に冠を整さず」という中国から来たことわざは人から疑いを（持つ→　　　　）ようなことをするなという戒めのことわざです。

2. 自分が親切にした人からひどい目にあわされることを「飼い犬に手を（かむ→　　　　）」と言います。

3. 「後ろ指を（指す→　　　　）」とは、陰で悪口を言われることを言います。

4. 悪いことは何もしていないのに（疑う→　　　　）ことを「痛くもない腹をさぐられる」と言います。

5. 大都市圏の朝夕の電車は混雑してとてもたいへんなので、ずいぶん前から「痛勤」と（呼ぶ→　　　　）ている。

6. ビールやジュースなどの飲み物を入れるアルミ缶の4本に3本が（リサイクルする→　　　　）ているそうだ。容器包装リサイクル法が（施行する→　　　　）て以来、自治体や地域での分別回収が浸透し、回収率がアップした。

7. 昔から水のおいしい所にはよい酒があると（言う→　　　　）、灘（兵庫県）や伏見（京都府）が産地としてよく（知る→　　　　）ています。今は全国各地でその土地に合ったおいしい酒が（作る→　　　　）、地酒として（親しむ→　　　　）ています。

　　　　　　　国際日本語研究所『しきたり UNFOLDING JAPANESE TRADITIONS』アプリコットより

8. ＜アメリカ人の女子学生を受け入れた日本人家庭で＞
　　その家庭では留学生を家族の一員として迎え、自分の娘だと思って接し、「あまり遅くならないようにね。」と言っていた。（中略）ある日その学生が突然ホストファミリーを（変　　　　）たいと言ってきた。彼女には、このホストファミリーには自由がないと（思　　　　）たのだ。「遅くならないようにね。」を早く帰れ、と解釈して（監視　　　　）ている、あるいは（管理　　　　）ていると思ったのだ。

　　　　　　　　多田洋子（1995）『外国人留学生のカルチャー・ショック』南雲堂p.43より

9．＜外国人登録証＞
　　ほとんど笑い話としかいえないような、こんなエピソードもある。ぼくの知り合いがジョギングをしている最中に、警察官に（止める→　　　　　）て登録証の提示を（求める→　　　　　）。ジョギングをしている人の99％はおそらく、ジョギングをしている最中は「外国人登録証」を携帯していないだろう。ぼくの知り合いもそうだった。結局彼はそのままパトカーに（乗せる→　　　　　）、警察に（連行する→　　　　　）。そして、3時間にもおよぶお説教の末、「もう2度としません。約束します」と、始末書を（書く→　　　　　）のだ。これは子供扱い以外の何ものでもない。
　　（原著者注　これは昔の話で、最近はこんなことはなくなった。）

　　　　　　　　　　　　ピーター・フランクル『新装版・新ニッポン見聞録』WAVE出版より

10．ところで、まわりに気をつかいながらの積極的な「ながら活動」は、米国の人類学者のE. T. ホールが「ポリクロニック」と名づけた時間感覚とも関係する。現代の産業社会では、用事はひとつずつ順に片づけていくよう
（しつける→　　　　　）。時間はひものような直線と（考える→　　　　　）て、
（分割する→　　　　　）、スケジュールが（たてる→　　　　　）。これは「モノクロニック（単層的）」な時間である。それに対して、同時にいくつもの事柄をこなそうとする「ポリクロニック（複層的）」時間が支配する社会もある。

　　　　　　　　　　　　野村雅一「しぐさの人間学」日本経済新聞1999年10月27日より

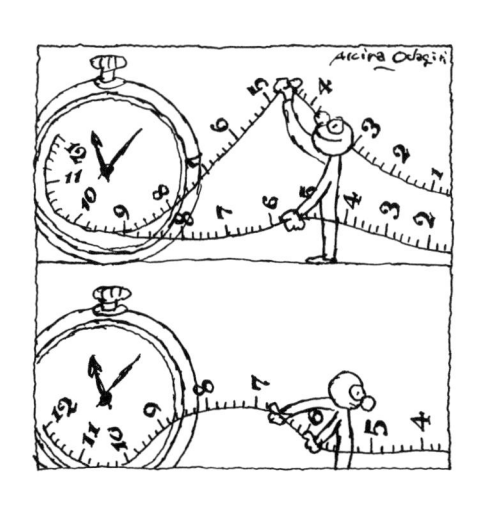

　　　　　　　　　　　　絵・小田桐　昭

Ⅱ．（　）に入ることばとして、最もいいと思うものを1つ選んでください。
　1．奇跡の日

奇跡の日

①a．決まった
　b．決めた
②a．して
　b．されて
③a．した
　b．された

ⓒ秋月りす『OL進化論4』
講談社より

Ⅲ．□□□の中からことばを選んで、適当な形に変えて（　）の中に入れてください。
　1．僕は、日本に来る前まで、僕の"ジョン・ギャスライト"という名前は立派な名前だと思っていました。
　　　"ジョン"というのはキリストさまが一番愛していた人の名前だと、小さい時よく母に（　　　　）ました。（中略）
　　　ある朝、公園でジョギングをしていると、後ろから大声で「ジョン！　ジョン！

ジョン！」と（　　　　　）ました。僕が足を止めて振り向くと、だれも僕を（　　　　）いる気配がないのでまた走り出しました。（中略）

　また、日本語で自己紹介ができるようになってから、もっとがっかりしました。「僕の名前はジョンです」と言い始めると、クスクス笑って「うちの犬と同じ！」と聞き、そんなに犬に（　　　　　）ている名前だと知ってびっくりしました。

ジョン・ギャスライト『ジョンさんのナゴヤ日記』中日新聞本社より

> 使う　　呼ぶ　　言う

2．手話で用事が足せるシステムが（　　　　　）ているという。まだ実験の段階で、使える場所も郵便局に（　　　　　）が、障害を持った人が生活しやすくなるための試みとして（　　　　　）ている。

> 限る　　注目する　　開発する

3．最近、急に経済大国と（　　　　　）、世界各国から経済援助を（　　　　　）ようになった日本は、自分の姿をもう一度見直してみる必要に（　　　　　）ていると思う。その点から、戦前の資源も乏しく土地も狭い日本から、広く豊かな南米に（　　　　　）た人びとの生き方は、今のわれわれに多くの示唆を与えてくれるものと信ずる。

田付景一「日本の姿を見直すために―推賞」（フランシスコ・伊藤『南米から見た日本人』サイマル出版会の冒頭のことば）より

> 移住する　　求める　　迫る　　言う

4．＜ザビエル書簡＞

　私には日本人より優れた不信者国民はないと（　　　　　）る。（中略）しかし、武士であれ平民であれ、貧乏を恥辱だと思っている者は一人もいない。武士がいかに貧困であろうと、その貧乏な武士が、富裕な平民から、富豪と同じように（　　　　　）ている。（中略）

　日本人は、非常に克己心が強く、談論に長じ、質問は際限がないくらいに知識欲にとんでいて、私達の答えに満足するとそれをまた、他の人々に熱心に伝えてやまない。地球の丸いことはかれらに（　　　　　）ていなかった。

村井章介（1997）『海から見た戦国日本―列島史から世界史へ』筑摩書房より

> 尊敬する　思う　知る

Ⅳ. 文体を考慮して、□の中からことばを選んで、適当な形に変えて（　）の中に入れてください。

1a. 新聞

脳死移植では（中略）家族への説明にも時間が（　　　）ようだ。（中略）
この間、いのちとは何かについても、（　　　）人が多かったのではないだろうか。「脳死」と（　　　）た人から、移植するために臓器を摘出する。（中略）その心臓は、他の人に（　　　）て、働くのである。
そうした冷厳な事実が改めて示された。脳死臨調で脳死や心臓死が（　　　）て、外国での移植が（　　　）ても、一般の人々にはともすれば「ひとごと」だったろう。にわかにそれが、身近な問題になってきた。

朝日新聞1999年3月2日天声人語より

> 移植する　論議する　かける
> 判断する　考えさせる　報じる

1b. 学生の会話

「脳死移植のニュース、見た？」
「うん。家族に説明するのにも時間を（　　　）みたいだね」
「脳死だって（　　　）たら、その人から臓器を取り出して（　　　）んでしょ」
「ああいうこと聞いてると、人間の命って何だろうって、（　　　）ちゃうねえ」
「そしてさ、その臓器が他の人に（　　　）て働くんだよね」

> 移植する　かける　考える　判断する

2a. 解説文

現在世界最古の木造建築（　　　）ている法隆寺西院伽藍。だが一体、最古（　　　）ている根拠は何なのか？　実は、なされてきた多くの研究にもかかわらず、その建造年次はいまだ（　　　）ていないのだ。

ⓒ『芸術新潮』1994年5月号より

> 確定する　とする

2 b. 会話

　　小学生：法隆寺って、世界で一番古い木造の建物なんだってね。
　　大学生：うん。そういうことに（　　　　　）てるみたいだね。
　　小学生：みたいって？
　　大学生：ほんとのところは、よくわかってないらしいよ。いろいろ研究してきても
　　　　　　いつできたのか、まだ（　　　　　　　　）てないんだって。

　　　　　　┌──────────────┐
　　　　　　│　なる　　　はっきりする　│
　　　　　　└──────────────┘

Ⅴ．困った人の気持ちになって文章を作ってください。

　1．題：＿＿＿＿＿＿＿＿＿＿＿＿＿＿＿＿＿＿＿＿＿＿＿＿＿＿＿＿＿（絵を見て）

　　　子供たちは無邪気にじゃんけんでランドセルを持つ役を決めようとしています。ルールは、どうも a．＿＿＿＿＿＿＿＿＿＿＿＿＿＿＿＿＿＿＿＿＿ということのようです。三太郎は、万年平社員、b．＿＿＿＿＿＿＿
　　＿＿＿＿＿＿＿＿＿＿＿＿＿＿＿＿＿＿＿＿＿＿＿
　　＿＿＿＿＿＿＿＿＿＿＿＿＿＿＿＿＿＿＿＿＿＿＿
　　＿＿＿＿＿＿＿＿＿＿＿＿＿＿＿＿＿＿＿＿＿＿＿
　　＿＿＿＿＿＿＿＿＿＿＿＿＿＿＿＿＿＿＿＿＿＿＿
　　＿＿＿＿＿＿＿＿＿＿＿＿＿＿＿＿＿＿＿＿＿＿＿

　　　　『フジ三太郎』：フジ三太郎という万年平社
　　　　員の目を通して世相（せそう）をコミカルに描いた漫画

サトウサンペイ「フジ三太郎」
朝日新聞1982年1月25日より

2．題：＿＿＿＿＿＿＿＿＿＿＿＿＿

店の人（女性）は＿＿＿＿＿＿＿＿＿＿＿＿＿＿＿＿＿＿＿
＿＿＿＿＿＿＿＿＿＿＿＿＿＿＿＿＿＿＿＿＿＿＿＿＿＿＿
＿＿＿＿＿＿＿＿＿＿＿＿＿＿＿＿＿＿＿＿＿＿＿＿＿＿＿
＿＿＿＿＿＿＿＿＿＿＿＿＿＿＿＿＿＿＿＿＿＿＿＿＿＿＿
＿＿＿＿＿＿＿＿＿＿＿＿＿＿＿＿＿＿＿＿＿＿＿＿＿＿＿
＿＿＿＿＿＿＿＿＿＿＿＿＿＿＿＿＿＿＿＿＿＿＿＿＿＿＿
＿＿＿＿＿＿＿＿＿＿＿＿＿＿＿＿＿＿＿＿＿＿＿＿＿＿＿
＿＿＿＿＿＿＿＿＿＿＿＿＿＿＿＿＿＿＿＿＿＿＿＿＿＿＿

ヒント：「長居する」を使う

いしいひさいち『バイトくんブックス6 出歩く男』チャンネルゼロより

Ⅵ．文体練習　文体に考慮して文を完成してください。

1ａ．話しことば

　体の中の細胞（さいぼう）は、それぞれ増え方や細胞の命が決まっています。増えることになっている細胞と、死ぬことになっている細胞があるので、臓器組織の中の細胞の構成がうまくいっているのです。

1ｂ．解説文

　臓器組織の細胞は、それぞれ増殖の仕方、細胞の寿命が（決　　　　）ていて、増殖と、（予定　　　　）ている細胞死によって生体の細胞構成が
（維持　　　　）ように（プログラム　　　　）ている。

杉村隆・垣添忠生・長尾美奈子（1997）『がんと人間』岩波書店に基づく

2 a． 会話 ：海馬（脳の細胞の一部）について
　　　X：海馬って何するところ。
　　　Y：記憶を一時ためとくんだって。
　　　X：じゃ、長期の記憶はどうなるの。
　　　Y：そういうデータって、大脳皮質のいろんなとこに持ってって、しまっとくらしいよ。

2 b． 解説文
　　　記憶は一時的に（貯蔵　　　）。一方、長期に（記憶　　　）ことになったデータは海馬から大脳皮質のさまざまな場所に（送　　　）、
　（保管　　　）ていると（考　　　）。

　　　　　　　　　上田俊英「人の脳 遺伝で決まるか」AERA1997年8月18日－25日 Vol. 10 No. 34より

3 a． 話しことば
　　　ダイオキシンは母親の体の中の脂肪にだんだんたまってそれが母乳に混じって外に出て行きます。しかし、いくらダイオキシンで汚れていても、母乳には大切な免疫物質が入ってるから、ミルクは母乳の代わりにはなりません。

3 b． 解説文
　　　ダイオキシンは(母体の脂肪　蓄積　母乳に混じって排出)_____。
（汚染　重要な免疫物質　含む）
_____、ミルクは母乳の代用にならない。

Ⅶ．文学的表現
　1．どんな様子を語っていますか。日常的な表現で考えてみてください。
　　　　山道は紅葉に覆われ①、まるで絨毯を敷き詰めたかのようだった。
　　　　川のせせらぎが心地よく流れ、岸辺は川の流れに洗われていた②。空に目をやると雲が風に流されて③、縞模様を作っていた。雪に抱かれた④いただきは、霧に包まれ⑤、視界から遠のき、次第に闇に包まれていった⑥。
　　1
　　2
　　3
　　4
　　5
　　6

総合演習
（自動詞・他動詞、（さ）せる、（ら）れる）

Ⅰ．（　　　）あるいは □ の動詞を適当な形に変えてください。

1．手紙は昔から形式が定まっている。最近は電話やFAXで用を済ますことも多いが、丁寧なお礼や病気見舞いなどは封書で（出　　　）、簡単に用件を（伝　　　）ものにははがきが（使　　　）ている。

2．「病、膏肓に入る」の「膏肓」は、正しくは「こうこう」であるが、「肓」はめったに使わない字なので、「盲」と誤って「こうもう」と（読　　　）ことが多い。
　「膏」は横隔膜（おうかくまく）のことで、「肓」はその上にあたる部分で、病気がそこにはいってしまえば、もう直らないといわれた。一本の横棒の有無の誤りからくる読みだが、こんな読みも、日本語を学ぶ外国人を（悩　　　）もののひとつだろう。
　　　　　　　　　　　　　　陳舜臣（1992）『元号の還暦　三燈随筆（一）』中央公論社より

3．奈良時代、平安時代に（　　　）お寺というのはどちらかというと文化センターだったのです。（中略）そのような背景の中で、天皇家が私寺として（　　　）のが法隆寺であり、ここには講堂があって大学と同じように講義が行われたのです。今日我々は墓を伴うのが寺と思うけれどもそうではないのです。（中略）その菩提で葬られ、来世に（　　　）ていくというので寺の外に墓が（　　　）わけです。
　　　　　　　　　　　　　　坂田俊文（1991）『ハイテク考古学』丸善より

　　　　　　　　　　建つ　建てる　置く　導く

4. 二つの漢字でできている言葉を上の字を訓で読み、下の字を音で読むのを、「湯桶読み」という。反対に上を音、下を訓で読むのが「重箱読み」。重箱も生活から遠いものになったが、「うな重」といえば、重箱の中にうなぎの蒲焼きが（入　　）ものだということを、大胆な省略用法にもかかわらず、誰もが理解している。

　ところが、「ゆとう」といえば、わかる人のほうがすくないのではあるまいか。たいてい漆塗りで、そば屋でそば湯を（入　　　　）のに（用　　　）ものだから、庶民的な存在であったはずだ。

　漢字のイレギュラーな読み方を、食卓に（並　　　　）おなじ漆塗りの器である「湯桶」と「重箱」であらわしたのは、絶妙のネーミングである。かつては、知名度もほぼ等しかったであろうが、歳月は「ゆとう」のほうを押し流してしまったようだ。

陳舜臣（1992）『元号の還暦　三燈随筆（一）』中央公論社より

5. 日本人家庭で滞在していたある留学生が、食器洗いを手伝おうと申し出たが、ホストマザーは「いいのよ、いいのよ」といって（やる　　　　　）ない。それは、自分でやったほうが早いとか、食器を（割　　　）たら困るとか、自分の子供でも（やる　　　　）のに、留学生に（手伝　　　　）たらかわいそう、などいろいろな理由がある。（言　　　　）留学生は、本当に手伝わなくていいのか、それとも本当はやって欲しいけど遠慮しているのか、判断に困ったという。もし、留学生が「手伝いましょうか」と言ってきたらお客様扱いせず、気持ちよく（手伝　　　）おう。

　一方、日本人がアメリカでホームステイした時に、あまりに多くの家事手伝いを（要求　　　　）、「メイド変わりにこき使う」とか「ベビーシッターのかわりを（する　　　　）」という不満を生むことがある。これは日本の子供があまり普段から家事手伝いをしないことから（起　　　　）たことだろう。

多田洋子（1997）『外国人留学生のカルチャー・ショック』南雲堂pp. 124-125より

Ⅱ. ＿＿＿には助詞を入れ、大きい（　　　）の動詞を適当な形にして、文を完成させてください。答が複数ある場合は違いを考えましょう。

1. 外来食（スキヤキ　カレーライス　ラーメン）

　　今では代表的な日本の料理＿＿＿（思　　　）ているスキヤキ、カレーライス、ラーメンの起源は、江戸末期から明治の初め頃＿＿＿（言　　　）ています。それもみな外国の料理を日本風にアレンジしたものです。

　　庶民が肉＿＿＿（食　　　）ようになったのは明治維新の前後からでした。江戸時代末期には多くの西欧人が来航し、食料として牛肉の提供＿＿＿日本に（求　　　）てきました。その影響で19世紀中頃には横浜の外人居留地でも牛肉＿＿＿（売　　　）ようになり、日本人にも食べやすい「牛鍋（スキヤキ）」＿＿＿（食　　　）店ができました。

　　カレーはインドの宗主国であったイギリスを経て、明治初年に日本＿＿＿（入　　　）てきました。イギリスではスープの一種だったため、日本でも最初は西洋レストランでスープのメニュー＿＿＿（入　　　）ていました。

　　しかし米食の日本人のこと、いつの間にかカレーとごはんを盛り合わせるようになり、食べやすい形＿＿＿（変　　　）いきました。今ではラーメン＿＿＿（呼　　　）中華そばは、江戸時代に中国から日本＿＿＿（伝　　　）、明治になってからは港町に出現した中華街を中心に広まっていきました。その後、中華そば＿＿＿（扱　　　）店はチャルメラの笛をふきながら町を流す屋台そば屋の時代が長く（続　　　）ましたが、最近ではあまり（見　　　）なくなりました。かわりに全国いたる所にラーメン屋ができました。
　　　　　　　　国際日本語研究所『しきたり UNFOLDING JAPANESE TRADITIONS』アプリコットより

2. 日本のお茶は緑茶＿＿＿（呼　　　）、日常的に（飲　　　）のは煎茶、ほうじ茶、番茶が一般的です。茶道では、挽いて粉にした抹茶＿＿＿（使　　　）ます。

　　玉露という特に上等なお茶や煎茶＿＿＿（入　　　）ときは、お湯の温度に注意が必要です。熱湯を使う紅茶にたいして、玉露や煎茶はその美しい緑の色と香りを生かすため、沸騰させたお湯を70度か80度ぐらいまでさましてから（入　　　）ます。
　　　　　　　　国際日本語研究所『しきたり UNFOLDING JAPANESE TRADITIONS』アプリコットより

Ⅲ．＜奈良の大仏と鎌倉(かまくら)の大仏＞について、同じ内容の会話と文章があります。
（　　）の中から自然な表現を選んでください。

＜会話＞

田中：奈良の大仏ってだれが（a．造った　b．造らせた　c．造られた）んだったっけ。

山本：聖武(しょうむ)天皇じゃないかな。

田中：じゃあ、鎌倉のは。

山本：ええと、あれは民間のいろんな人たちが協力して（a．建てられた　b．建った　c．建てた）んじゃなかったっけ。建物の外にあるのは、お金が足りなかったのかなあ。

田中：ううん、そうじゃなくて、最初は小屋があったらしいよ。台風とか地震で何べんも（a．壊れ　b．壊し　c．壊され）てなくなったんだって。そういう記録が（a．残し　b．残っ　c．残され）てるんだって。

山本：奈良の大仏も火事に遭(あ)って何回か（a．焼いた　b．焼かれた　c．焼けた）っていう話だよね。今のは、江戸の中頃(え ど)に（a．直った　b．直された　c．直した）んだってさ。

＜書物より＞

　奈良の大仏は8世紀に聖武天皇によって（a．造った　b．造られた　c．造らせた）国の直轄(ちょっかつ)工事なのです。それに対して鎌倉の大仏はそれより後の13世紀に（a．建った　b．建てられた　c．建てた）ものです。様々な階層の人々の協力によって（a．行われた　b．行った　c．行わされた）民間事業なのです。（中略）鎌倉の大仏で有名なのは露座(ろ ざ)であることです。なぜ露座かというと、最初は大仏殿(でん)があった。たぶん、仮小屋(かり)のような形であったのではないかというのが記録に（a．残して　b．残されて　c．残って）いる。ところが海岸近くにあるので何度も台風や津波で（a．壊れ　b．壊し　c．壊され）たり、地震で（a．壊れ　b．壊し　c．壊され）たりして結局(けっきょく)大仏殿がなくなり、裸(はだか)になってしまったのです。（中略）奈良の大仏は木造である大仏殿の中にあって、火災で何度も（a．焼い　b．焼け　c．焼かれ）ている。そして（a．焼かされる　b．焼ける　c．焼かれる）たびに大仏も（a．溶かし　b．溶け　c．溶かされ）てしまっているのです。今の奈良の大仏というのは、江戸の中期に（a．直った　b．直した　c．直された）ものです。

坂田俊文（1991）『ハイテク考古学』丸善より

Ⅳ．次の文を完成させて、質問に答えてください。

1．＜「魅」について＞
　当用漢字1850は戦争直後に（決　　　）そのままで今日(こんにち)まできた。（①）その時「魅」をどうするかで議論になったが、魅力、魅惑ぐらいしか組み合わせがないからはずそう、という意見も（出　　　）。そのとき、故山本有三(やまもとゆうぞう)氏の「これがなくなると日本語に魅力がなくなるなあ」という一言で当選したという話も（伝　　　）ている。
　　　　　　　　　　　　　　深代惇郎「天声人語」朝日新聞1974年11月10日より
　問　①にはいる適当な文はどれですか。
　　　a．混乱期だったせいもあろうが、それほど慎重に選んだわけではなかったようだ。
　　　b．混乱期だったにもかかわらず、重要問題としてきわめて慎重に選ばれたようだ。

2．＜9月入学と4月入学＞
　明治のはじめの学制は9月入学であったのだ。4月入学は、役人と軍人の圧力によったのである。役人は会計年度にあわせて、4月を開始にしたほうが便利であった。東京帝大が4月新学年を採用したのは、大正10年（1921）になってからである。これは日本が役人と軍人の天下となり、あらゆることが、彼らの都合のよいように（運営　　　）ことを物語る。
　9月新学年論に、＜①＞さんが反対している話をきいた。幼稚園や小学校の入園、入学式のために、お母さん方は着物を買ってくれるが、9月はじめの残暑のシーズンでは、洋装になるからだという。
　＜①＞さんはもっと知恵を（働　　　）、「着物を着るとよいことがある日」でもつくればよいのである。げんにチョコレート屋さんは、＜②＞というのを作って、盛んにチョコレートを売っているではないか。
　　　　　　　　　　　　　　陳舜臣『元号の還暦　三燈随筆（一）』中央公論社より
　問1．①に入ることばを次の中から選んでください。
　　　　1　文部大臣　　2　呉服屋　　3　お役所
　問2．②に入ることばを次の中から選んでください。
　　　　1　海の日　　2　父の日　　3　バレンタインデー

3．＜「〇〇丸」という名前について＞

　従来、たかや犬のような動物、武具、楽器、そして船などが（愛用　　　　）所有物であったが故に、童名(わらわな)（〇〇丸）が（付　　　　）とされてきたが、おそらくそうではなかろう。たかや犬が人の予想もせぬ力を発揮し、楽器の音が神仏の世界と俗界とのかけ橋とされたように、それらがいずれも人の力を超えた世界と人の世界の境に機能するものとして、マジカルな力を持つことが（望　　　　）からこそ、神に近い存在としての「童」の名がつけられたのではなかろうか。戦場で、大海原(おおうなばら)の上で、人々がその命を託さなくてはならなかったが故に、人々はこの様な名前を武具や船に付けたのだ、とわたしは考えてみたい。

　注）童名：人の幼少期の名前　　　　網野善彦『中世的世界とは何だろうか』朝日新聞社より

　問１．たかや犬、武具、船にはどんな名前が多いと言っていますか。

　問２．下線部の理由としてどちらが適していますか。
　　　１．武具や船は愛用品だから
　　　２．「童」つまり子供は神に近い存在と考えられていたから

4．＜「あった、あった」＞

　「探していたサイフあったか」「あった、あった」
　「今日は暑いなあ」「暑い、暑い」
　　この繰り返しは大阪の人にとっては何でもないことだが、よその人にとってはかなり耳ざわりになるらしい。「あった」なら「あった」でよいところを「あった、あった」と（言　　　　）と、何かまともに
（相手にする→　　　　　　　　　）ていないような
（馬鹿にする→　　　　　　　　　）ているような印象を受けることがあるというのだ。大阪人にとって「あった」とひとことで
（片づける→　　　　　　）たら、「　①　」と（言　　　　）ているような気がする場合さえあるだろう。「あった、あった」と繰り返してこそ、
　「　②　」という気持ちが相手に（伝　　　　）のである。

　　　　　　　　　　　　　　　　　　尾上圭介『大阪ことば学』創元社より

　問　①②には次のどちらが入りますか。
　　ａ．「ひとのこと、ほっといてんか」
　　ｂ．「よう聞いてくれた、ありがとう」

5．＜「ぼちぼちいこか」＞

　……試合中盤まで（リードする　　　　　　　　）ていても全くあせる様子もなく、終盤になって監督が「ぼちぼちいこか」と選手に声をかけるときまって点が取れたということが監督の選手心理掌握の一種のマジックとして一時話題になった。これを、東京のテレビの解説者は「ゆっくり行こうよ」の意味だとして、はやる選手の気持ちをなだめて（リラックスする　　　　　　　　）ところに勝因があるのだと説明していたが、大阪人ならおわかりのとおり、これは大ちがいである。「ぼちぼちいこうか」というのは、あえて翻訳すれば「ゆっくり行こうよ」ではなくて、「そろそろ始めようか」に近い。今までは黙って（やる　　　　）ておいたが、「　①　」という意味であり余裕を持った者がようやく腰を上げるという風情である。（中略）

　監督のほうでもただ文字どおり「そろそろこのへんで始めようか」という意味でストレートに使ったのではないであろう。別に（リードする　　　　）てやろうと思って（リードする　　　　）ているのではない。本気でやってきたけど負けているのだ、そんなことは言うまでもない。（中略）

　そのような行動様式がなじみ薄い土地では、こういうもの言いは（理解　　　　）にくいのである。「さあ、いよいよ終盤だ。（　②　）」というかわりに「今までは（やる　　　）おいてやったんだ。（　③　）」などと言うと、異郷では単なる「　④　」か「　⑤　」でなければ照れ隠しだと（受け取る　　　　）危険が相当に大きい。

尾上圭介『大阪ことば学』創元社より

問1．①−③には次のどれが入りますか。
　　a．がんばってはねかえそう
　　b．この辺でそろそろ本気を出そうか
問2．④、⑤には次のどれが入りますか。
　　　a．謙遜　b．負け惜しみ　c．豪快　d．強がり　e．美徳

参考文献など

[自他]

影山太郎（1996）『動詞意味論』くろしお出版

須賀一好（1981）「自他違い」『馬渕和夫博士退官記念　国語学論集』大修館書店

杉本武（1991）「二格をとる自動詞」『日本語のヴォイスと他動性』くろしお出版

角田太作（1991）『世界の言語と日本語』くろしお出版

寺村秀夫（1982）『日本語のシンタクスと意味　第Ⅰ巻』くろしお出版

野田尚史（1991）「文法的なヴォイスと語彙的なヴォイスの関係について」『日本語のヴォイスと他動性』くろしお出版

細川英雄（1999）「お茶が入りました」『日本語学』18−14　明治書院

森田良行（1985）『誤用文の分析と研究−日本語学への提言−』明治書院

名古屋YWCA教材作成グループ（1995）『日本語初中級』スリーエーネットワーク

[使役]

青木伶子（1977）「使役—自動詞・他動詞との関わりにおいて—」『成蹊国文』10　成蹊大学日本文学科研究室

天野みどり（1987）「状態変化主体の他動詞文」『国語学』151集

井島正博（1988）「動詞の自他と使役との意味分析」『防衛大学校紀要人文科学分冊』56

井上和子（1976）『変形文法と日本語上』大修館書店

江口泰生（1989）「漢語サ変動詞の自他性と態」『奥村三雄教授退官記念　国語学論叢』桜楓社

小川誉子美（2001）「自動詞使役文の諸相」『横浜国立大学留学生センター紀要』8号

定延利行（1991）「SASEと間接性」『日本語のヴォイスと他動性』くろしお出版

佐藤琢三（1994）「他動詞表現と介在性」『日本語教育』84

佐藤里美（1990）「使役構造の文（2）」言語学研究会編『ことばの科学』（4）むぎ書房

柴谷方良（1978）『日本語の分析』大修館書店

高橋太郎（1985）「現代日本語のヴォイス」『日本語学』4−4

寺村秀夫（1982）『日本語のシンタクスと意味　第Ⅰ巻』くろしお出版

早津恵美子（1991）「所有者主語の使役について」『東京外国語大学日本語学科年報』13

ヤコブセン，ウェスリー・M．（1989）「他動性とプロトタイプ論」久野・柴谷編『日本語学の新展開』くろしお出版

楊凱栄（1989）『日本語と中国語の使役表現に関する対照研究』くろしお出版

名古屋YWCA教材作成グループ（1995）『日本語初中級』スリーエーネットワーク

[受身]

植田瑞子（1998）「「自発」表現の一考察」『日本語教育』96号

安藤節子・小川誉子美（1998）「受身表現指導のための枠組み」『日本語教育方法研究会誌』5－1

安藤節子・原田三千代・宮川光恵（1994）「受動表現の教材化について」日本語教育学会研究発表会資料

小川誉子美・安藤節子（1998）「受身文指導に関する考察」『日本語教育方法研究会誌』5－1

小川誉子美・安藤節子（1999）「文法項目の段階的シラバス化－受身の場合」『世界の日本語教育』9号　国際交流基金日本語国際センター

小川誉子美（1999）「作用者格無表示受身文に関する考察」『日本語教育』103号

奥津敬一郎（1983）「何故受け身か」『国語学』132　武蔵野書院

尾上圭介（1998）「出来文（1）」『日本語学』17－7　明治書院

工藤真由美（1990）「現代日本語の受動文」『ことばの科学』4 むぎ書房

佐藤勢紀子・仁科浩美（1997）「工学系学術論文にみる「と考えられる」の機能」『日本語教育』93号

菅井三実（1994）「日本語における直接受け身文と間接受け身文の統一的説明」『名古屋大学　日本語・日本文化論集　第2号』

杉本和之（1988）「現代語における自発の位相」『日本語教育』66号

高橋太郎（1988）「動詞（その6）第5章ヴォイス」『教育国語』93

田中真理（1996）『ヴォイスに関する中間言語研究』平成7年度科学研究費補助金（一般研究C）研究成果報告書

角田太作（1991）『世界の言語と日本語』くろしお出版

寺村秀夫（1982）『日本語のシンタクスと意味』I　くろしお出版

野田尚史（1991）『はじめての人の日本語文法』くろしお出版

野村剛史（1982）「自動・他動・受身動詞について」『日本語・日本文化』大阪外国語大学

早津恵美子（1989）「有対他動詞と無対他動詞の違いについて」『言語研究』95

益岡隆志（1991）「受動表現と主観性」『日本語のヴォイスと他動性』くろしお出版

水谷信子（1985）『日英比較　話し言葉の文法』くろしお出版

村木新次郎（1991）『日本語動詞の諸相』ひつじ書房

森山卓郎（1988）『日本語動詞述語文の研究』明治書院

山梨正明（1995）『認知文法論』ひつじ書房

名古屋YWCA教材作成グループ（1995）『日本語初中級』スリーエーネットワーク

Bolinger, D. (1977) *Meaning and Form* 中右実訳『意味と形』こびあん書房

Shibatani, M. (1985) Passive and Related Constructions *Language vol.61. No.4*

著者紹介
安藤節子
　元桜美林大学リベラルアーツ学群准教授
小川誉子美
　横浜国立大学国際戦略推進機構教授

編集協力
庵功雄
　一橋大学国際教育交流センター教授

イラストレーション
向井直子

日本語文法演習
自動詞・他動詞、使役、受身 ―ボイス―

2001年7月30日　初版第1刷発行
2022年9月8日　第14刷発行

著　者　安藤節子・小川誉子美
発行者　藤嵜政子
発　行　株式会社　スリーエーネットワーク
　　　　〒102-0083　東京都千代田区麹町3丁目4番
　　　　　　　　　　トラスティ麹町ビル2F
　　　　電話　営業　03（5275）2722
　　　　　　　編集　03（5275）2725
　　　　https://www.3anet.co.jp/
印　刷　モリモト印刷株式会社

ISBN978-4-88319-192-5 C0081
落丁・乱丁本はお取替えいたします。
本書の全部または一部を無断で複写複製（コピー）することは著作権法上での例外を除き、禁じられています。

日本語文法演習

自動詞・他動詞、使役、受身―ボイス―

答え

1 自動詞・他動詞

ウォームアップ (pp. 2〜3)

Ⅰ．
1．〜20キロも離れている。　　理由：Ⅱ　問3　参照
2．〜涙を流しながら〜　　　　理由：Ⅲ　問2　参照
3．〜。ご飯ができましたよ。　理由：Ⅰ　問1　参照
4．〜、いつ出ますか。　　　　理由：Ⅰ　問1　参照
5．〜おもちゃをよく壊して〜　理由：Ⅱ　問1　参照

　1　離す、離れる　　2　流す、流れる　　3　作る、できる　　4　出す、出る
　5　壊す、壊れる

Ⅱ．（自由に）

Ⅲ．1、2、7

Ⅰ. 自動詞・他動詞の形と意味・機能 (pp. 4〜5)

問1　1．ドア、ドア、田村さん・ドア　　2．財布、人・財布

自
他

練習　1．ステーキ－自動詞・焼ける
　　　　　焼いた人・ステーキ－他動詞・焼く
　　　　2．決まった人－自動詞・決まる
　　　　　決めた人・決まった人－他動詞・決める

Ⅱ. 使い方 (pp. 7〜10)

問1-1　b

a：感じていない　　b：感じている
自動詞：注目していない　　他動詞：注目している

練習　1．b、b　　2．a、a、b

問1-2　c

> c：ない　　d：ある

練習　1．c（適当）：状況がわかる　　d：その人がやっているかどうか聞いている
　　　2．c（適当）：お見合いの結果がうまくいったことを伝える
　　　　 d：話し手の意志だけ伝える。相手の意志は不明。

問2　1．a　　2．a　　3．a
練習　1．a、b　2．a　3．a　4．a、b　5．a、b　6．a　7．a
問3　1．〜てある　　2．〜ておく、〜て（ください）

> 他動詞　　他動詞

練習　1．増やそ、増え／増やせ　　2．決め、決まりません／決められません
　　　3．閉め、閉まら／閉められ　　4．減らし、減りません　　5．つい、つけ
　　　6．治ら、治し　　7．沸い、沸かし　　8．作り、できません／作れません
　　　9．し／させ、なり

問4　1．問われ　　2．流行させ　　3．調印され

> 受身　　使役

練習　1．評価され、贈られ　　2．安定させ　　3．発生させ、降らせ　　4．倒産させ

III. 発展1　慣用的表現など　　　　　　　　　　　　　　　(pp. 12〜15)

問1　1a．が　　b．を　　2a．が　　b．を　　3a．を　　b．が
　　　4a．が　　b．を　　5a．を　　b．が

> 違う

　　　6．を・が　　7．を・が　　8．を・が

> 似ている

問2-1　1．a　　2．a

> 自　　他

練習　1．b　2．a　3．a　4．b　5．b　6．b
問2-2　a．体調のことだけを言う　　b．体調の変化と自分の関わりを言う

> 他動詞

練習 他動詞表現を使った方が「後悔」「残念」などの気持ちを表しやすい。
1．b　2．b　3．a　4．a

問3　1 b
　　　2 b

練習　1．割れない　2．曲がる、曲がらない　3．腐る　4．壊れる　5．出ない
　　　6．かからない　7．混ざらない　8．入らない　9．切れる　10．脱げる

問4　1．社会人チーム、学生チーム

> 名詞2　　名詞1

練習　1．に捕まった　　2．に苦しんだ
　　　3．に傷つきました　　4．言いつかった

IV. 発展2　形が似ている動詞　(pp. 16〜17)

問1　1　1．広めた　2．広まった　3．広がった　4．広げ
　　　　5．広める　6．広げた
　　　　広がる、広まる

　　　2　1．浮かべた　2．浮く、浮か　3．浮かべ　4．浮かぶ
　　　　5．浮かんだ　6．浮かん　7．浮いた　8．浮かべ
　　　　浮かべる

　　　3　1．縮んだ　2．縮んで　3．縮める　4．縮む　5．縮め
　　　　6．縮れ
　　　　縮める

　　　4　1．はがさ　2．はがれない　3．はがし　4．はげた
　　　　はがれる、はげる

V. 総合練習　(pp. 18〜23)

I．1．閉まっ、が、閉め　2．見つかりました、が、見つけ　3．建った
　　4．入ります　5．出ます　6．進んでる、進んで、進め
　　7．例　落として壊してしまって動かなくなってしまったんです
　　　　　落としたら壊れてしまって動かなくなってしまったんです

4

Ⅱ．1．①c　②c　　2．①c　②a　③a
　　3．①b　②b　③a　　　4．①a　②b　③b
Ⅲ．1．窓ガラスを割っちゃった　→　が割れちゃった
　　　割ったんじゃなくて割れたんでしょ　→　割れた、割った
　　　上手に育つ　→　育てる
　　2．届けます　→　届きます　　3．始めますか　→　始まりますか
　　4．料理を出して　→　料理が出て
　　5．作った　→　できた　　お客さんを入れて　→　お客さんが入って
　　　財布が落ちて　→　財布を落として
Ⅳ．1．倒れ、起きる　　2．切っ、切れない　　3．増えて、進む
　　4．沸い、入れ、煮え、止めて　　5．温まっ、つい　　6．立って、高めた
Ⅴ．問1．出、出した、出た、入った、変え
　　問2．1．いいえ、知りませんでした　　2．はい、知っていました
　　問3．c
　　問4．b

❷ （さ）せる（使役）

ウォームアップ　　　　　　　　　　　　　　　　　　　　　　　（p. 25）

Ⅰ．1．子供を　→　子供に　理由：Ⅰ　問1-1　参照
　　2．遊んだ　→　遊ばせた　理由：Ⅰ　問1-2、Ⅰ　問4　参照
　　3．休んでもらった　→　休ませてもらった　理由：Ⅰ　問4　参照
　　4．犬に小屋に入れさせました　→　犬を小屋に入らせました／犬を小屋に入れました　理由：Ⅰ　問1-1　参照
　　5．止めさせる　→　止める／止まらせる　理由：Ⅱ　問2　参照
Ⅱ．1．b　　2．b
Ⅲ．1．b　　2．b　　3．a　　4．b、aとb

Ⅰ．「（さ）せる」の形と意味・機能　　　　　　　　　　　（pp. 26～32）

問1-1　1．が／は、に、を、手伝わせる　　2．が／は、を、に、行かせる
　　　　　3．が／は、を、遊ばせる

変わらない、に、を

練習 1．に、を　　2．に、を　　3．には、を、に、を
問1-2 1．が、を、心配させる　　2．が、を、発生させる
　　　　3．が、を、怒らせる
練習 1．を　2．を　3．を　4．を　5．に　6．に　7．に
問2 1．いいえ　　2．いいえ　　3．いいえ

無視する

練習 1．退去させた　　2．1周させた　　3．飲ませ、吐き出させる
　　　　4．させる
問3-1 1．いいえ　　2．いいえ

感情／心的作用／心の動き

練習 1．がっかりさせ　　2．安心させ　　3．うっとりさせる
　　　　4．満喫させ、和(なご)ませ　　5．させ
問3-2 1．怒っている／マイナスの気持ち　　2．怒っている／マイナスの気持ち
練習 1．聴かせる　　2．買わせる　　3．飲ませる　　4．払わせ、払わせ
問4 1．～3．名詞2は何かを望んでいる　名詞1はそれを許可する（認める）

望んでいる

練習 1．活動させる　　2．見学させる
　　　　3．行かせてください／行かせていただけますか
　　　　4．休ませてください／休ませていただけますか
　　　　5．置かせてください／置かせていただけませんか
　　　　6．休ませていただきます　　7．終了させていただきます
　　　　8．休業させていただきます　　9．取らせていただきます
　　　　10．終わらせていただきます
問5 1．いいえ　　2．いいえ

止めないで

練習 1．遊ばせ　　2．使わせ　　3．悪化させ
問6 1．～2．aは実際責任があるかどうかはわからないが、責任を感じている
　　　　　　　bはできごとを事実として述べている

不＿＿感じている

練習　1．迷わせ　　2．腐らせ　　3．引かせない　　4．凍らせ

II. 使い方　(pp. 33～36)

問1-1　1 b.　　2 b.

書きことば的な

練習　1．コピー機の普及が紙の使用量を増加させた。
　　　2．インターネットの発達が、ビジネスのあり方を変化させた。
　　　3．アドレナリンの分泌が酸素の消費を増加させ、血圧を上昇させる。
　　　4．窓口の職員の高圧的な態度が利用者を困惑させた。
　　　5．例　大陸からの湿った空気が、雨雲を発生させる。そこへ、シベリアから流れ込んだ寒気が雪を降らせる。

問1-2　1 a.　　2 a.　　3 a.

話しことば的な

練習　1．奨学金を獲得して彼は夢が膨らんだ、奨学金の獲得が彼の夢を膨らませた
　　　2．父が死んで家族は悲しんだ、父の死が家族を悲しませた
　　　3．3年間の留学生活で彼は大きく成長した、3年間の留学生活が彼を大きく成長させた
　　　4．相談員からの助言で登校拒否の生徒は奮い立った、相談員の助言が登校拒否の生徒を奮い立たせた

問2　1．a　　2．a　　3．a

他動詞

　　　4．a と b　　5．a と b
問3　1．が咲く → を咲かせる　　2．くぐります → くぐらせます
　　　3．発達してきた → 発達させてきた

使役

練習　1．咲かせる　　2．凍らせ　　3．ふんわりさせる　　4．休ませ

5．長持ちさせる　6．回復させ　7．不時着させた
8．しっとりさせる　9．向上させ

III. 発展　　　　　　　　　　　　　　　　　　(pp. 37〜39)

問1　1．b、b　　2．b　　3．b
練習　1．滑らせ　2．光らせ　3．膨らませ、輝かせ　4．なびかせ
5．利(き)かせ　6．落ち着かせ　7．ぶらぶらさせ
問2　1．b　　2．a　　3．b
問3　1a．典子　b．典子／娘　　2a．医者　b．医者／患者
練習　1a．父／息子　b．父　　2a．先輩部員／新入生　b．先輩部員
3a．先生／生徒　b．先生　4a．画家／子供たち　b．画家
5a．田中さん／奥さん　b．田中さん

IV. 総合練習　　　　　　　　　　　　　　　　(pp. 40〜44)

Ⅰ．1．検討させてください　2．休ませていただきます
3．待たせていただけますか　4．払わせてください、おごらせ
5．起こし、着替えさせ、洗わせます、着せます、食べさせ、磨かせる、行かせます、入らせます、寝せる／寝させる／寝かす／寝かせる
Ⅱ．1．はっきりさせる　2．持たせる　3．曇らせる
4．事故に遭わないように保護する、経験させる
5．安定させる、就かせます、行かせます、考えさせる、解決させる、発揮させ
6．くぐらせて、湿らせた、含ませる、しみ込ませる、長持ちさせる
Ⅲ．1．笑わせる、伝わる、笑わせたり、びっくりさせたり、興奮させたり、楽しませ
2．困らせ、慌てさせる
3．集中させ、疲労させ、生じ／生じさせ、リラックスさせ
4．変化させ、出て、出す、出た、出して、試させ
5．入園させ、腐らせ、滑り込ませ
6．取り引きされた、腐らせ、咲かせ、凍らせ
Ⅳ．
言われた、出てきた、連れられ、掘った、出てきた、掘らせた、死なせ、出てきた、燃やし、燃えた、咲かせ、入って、怒らせ、縛られ

問
1．シロに言われた

「よくもこんな所を掘らせたな」といって怒り、シロをたたいて、死なせてしまった。
2．花を咲かせる

灰が殿様の目にはいり、殿様を怒らせてしまいました。そして、なわで縛られてしまいました。

❸ （ら）れる（受身）

ウォームアップ　　　　　　　　　　　　　　　　　　　　　(p. 45)

Ⅰ．
1．名古屋の徳川美術館には、徳川家の家宝が保存されている。

名古屋の徳川美術館では、徳川家の家宝を保存している。　理由：Ⅱ　問1　参照
2．～蜂に刺されましたが、～　理由：Ⅰ　問3　参照
3．～、感動させられた。　理由：Ⅱ　問5、Ⅲ　問3-2　参照
4．～ケーキを兄に～。　理由：Ⅱ　問3-1、問3-2　参照
5．時間に追いかけられる忙しい毎日です。　理由：Ⅲ　問1　参照
6．子供のとき母に叱られて、よく泣いた。　理由：Ⅱ　問2　参照
7．～考えさせられました。　理由：Ⅲ　問3-2　参照

Ⅱ．
1．a．場所　　b．人
2．a．話し手は自分の判断を述べている　　b．話し手は判断を避けている
3．a．「私」が迷惑に思っている、または名誉に思っている

　　b．事実を述べている
4．a．書きことば　　b．話しことば

Ⅰ．「（ら）れる」の形と意味・機能　　　　　　　　　　　(pp. 46〜49)

【問1】1．b

　　　2．b

　　　　　一人称（私）
　　　　　　＜

練習　1．誘（さそ）われ　　2．招待され　　3．聞かれ　　4．かけられ

問2　1．女性たちは風習に縛られていた。　2．秋田さんはドアに手を挟（はさ）まれた。
　　3．社員は仕事の重圧で／によってつぶされそうだ。

> 　　>

練習　1．私は友人の手紙に／で励まされた。　2．私は時間に追われている。
　　3．みんなは眠気に襲（おそ）われた。　4．生徒たちは規則に縛られている。

問3　1．によって　　2．に　　3．によって、に　　4．に

硬（かた）い書きことば　　に

　　5．から／に　　6．から／に　　7．から／に　　8．から

練習　1．によって、によって　　2．によって、に　　3．から／に
　　4．によって　　5．から、に　　6．から／に

II. 使い方　　(pp. 51～56)

問1　1 a．「多くの人々が」黒沢の映画を知っているということを伝えたい場合
　　　b．だれが知っているか言う必要がない場合(黒沢は有名だということを言う)
　　2 b．の方が簡潔で報道文などに使われる

言えない　　ない　　何

練習　1．例　この電子辞書は、使われている
　　2．例　殺人犯が警察に逮捕された
　　3．例　政府は消費税を、引き上げた
　　　　　消費税が、引き上げられた
　　4．例　裁判所から／によって判決が言い渡される

問2　1．ボーイフレンドに／から結婚を申し込まれて、私はすぐ返事をした。
　　2．先生にアルバイトをやめて勉強しなさいと言われて、〜
　　3．上司に遅くまで残業させられて、〜

変わらない

練習　1．〜、だれかに足を踏まれて痛かった。
　　2．会社から長年の功労を表彰されて、国の両親に報告した。

3．〜、友達に注意されて恥ずかしかった。
4．〜誘(さそ)われたが断った。〜　　5．〜誘ったが断られた。〜

問3-1　1．ハ　　2．ハ

迷惑の意味があるときに受身が自然になっている。

迷惑

練習　1．言われて　　2．自殺される　　3．休まれる　　4．止められて
　　　5．死なれた　　6．吠(ほ)えられ　　7．され

問3-2　1a．2a．3a．には迷惑の意味がある。いずれも文や文脈からそういう意味を持つことがわかる。話題は個人的なことが多い。

報道文　会話文

練習　1a．が　b．を　　b．のほうが迷惑の意味をより感じる。
　　　2a．が　b．を　　b．のほうが迷惑の意味をより感じる。

生じやすく

問4　1a．食べられた／食べられてしまった　　b．食べてもらった
　　　2a．降られて　　b．降って／降ってくれて
　　　3a．撮られて　　b．撮ってもらった

てくれる　てもらう

練習　1a．直され　b．直してもらっ　　2a．読んでくれ　b．読まれ
　　　3a．誘(さそ)ってくれ　b．誘われ

問5　他の人のせいで嫌なことをしなければならなくなって迷惑に思っている。

読まされる　やらされる
〜される

練習　1．例　山田さんは、急な仕事が入って上司に毎日残業させられた。
　　　2．例　加藤さんは、家主の都合で引越しをさせられた。
　　　3．例　母は、口の上手なセールスマンに使わない化粧品を買わされた。
　　　4．例　大雪のためにバスの運行が中止になって山道を1時間も歩かされた。
　　　5．例　あの病院に行くと薬を大量に飲まされるから、なるべくかかりたくない。
　　　6．例　発表者が欠席したために、準備してない私が代わりに発表させられ

てしどろもどろになってしまった。

まとめの練習 (p. 57)

練習1 1 b．姉　c．姉　d．私たち
　　　　2 a．私　b．私　c．100人の人たち　d．私　e．ヤンさん
練習2 1．させられ　2．待たせ　3．飲まされる、歌わされる
　　　　4．コピーし　5．コピーさせ　6．コピーされ

III. 発展 (pp. 58〜61)

問1 1．ハ　物である電話が人である父を起こすという表現が不自然に感じられる。
　　　2．ハ　花火の音が人である鈴木さんを誘うという表現が不自然に感じられる。
　　　3．ハ　時間が人である友達を追うという表現が不自然に感じられる。

　　　　ので　って　で

練習 1．縛られる　2．悩まされ　3．誘われ　4．励まされ、勇気づけられ
問2 1〜2 a．書きことば的な硬い表現
　　　　　　b．話しことばで使われる柔らかい表現

　　　　書きことば　話しことば

練習 1．困っています／困ります　2．ある　3．ありました／行われました
　　　4．は、が、作りました　5．入っています　6．欲し
問3-1 1〜2 a．実際のことはともかく、主語の人は「〜られた」ように思っている。
　　　　　　b．主語の人は実際に「〜られた」。

　　　　自分でそう感じた

練習 1．教えられ　2．与えられ　3．鍛えられました
問3-2 「させられる」は影響を受けてそうなったという意味があって、印象を強く受けたというニュアンスが出る。この用法は「思考」や「感覚」を表す動詞によく使われる。

例　心配する　ほっとする

練習　1. 感じさせられる／感じる　　2. どきっとさせられる／どきっとする
　　　3. 心配させられる／心配する　　4. 考えさせられ／考え

問3-3　1〜2 a. 話者の意見として伝える
　　　　　 b. 話者の意見とは断定しないで伝える
　　　　　 c. 一般的な意見として伝える

断言を避ける　報道文

練習　1. 例　予測されます
　　　2. 例　見られている／見られる／推測されている／推測される／考えられている／考えられる
　　　3. 例　考えられる／見られる

IV. 総合練習　　(pp. 64〜71)

I.
1. 持たれる　2. かまれる　3. 指される　4. 疑われる　5. 呼ばれ
6. リサイクルされ、施行され　7. 言われ、知られ、作られ（て）、親しまれ
8. 変わり／変え、思われ／思え、監視され、管理され
9. 止められ、求められた、乗せられ（て）、連行された、書かされた／書かせられた
10. しつけられる、考えられてい／考えられ、分割され、たてられる

II.
1. ①b.　②a.　③b.

III.
1. 言われ／言われてい、呼ばれ、呼んで、使われ
2. 開発され、限られている／限られる、注目され
3. 言われ、求められる、迫られ、移住し
4. 思われ／思え、尊敬され、知られ

IV.
1 a. かけられる、考えさせられた、判断され／判断し、移植され、論議され、報じられ
1 b. かける、判断し、移植する、考え／考えさせられ、移植され
2 a. とされ、とされ、確定され

2 b．なっ、はっきりし

V．
1．例
題：＜子供はじゃんけんで決められるけど＞
a．じゃんけんで負けた人がほかの人のランドセルを持たされる
b．いつも荷物を持たされます。ほかの人に持ってもらうことはありません。子供に「じゃんけんで持つ人を決めるのではないのか」と聞かれて困ってしまいました。

2．例
題：＜長居＞
お客の食器を下げるときお客にもうしばらく店に居てもいいかと聞かれた。そんなことをわざわざ聞くので、店の人(男性)はそのお客は気が弱いと言った。しかし、いつまでも店に居続けるので女性にはその人が気が弱いとは思えない。長居をされてとうとう6時間も経ってしまった。

VI．
1．決まっ、予定され、維持される、プログラムされ
2．貯蔵される、記憶される、送られ（て）、保管され、
考えられている／考えられる
3．例　母体の脂肪に蓄積され、それが母乳に混じって排出される。
しかし、いくらダイオキシンで汚染されているとは言え、母乳には重要な免疫物質が含まれているので、

VII．
1．1　例　山の道いっぱいに紅葉が落ちて
2　例　川の岸に水が（小さい波のように）寄せていた。
3　例　風が吹いて雲が流れて
4　例　雪が積もった／雪が積もっている
5　例　霧がかかって
6　例　暗くなっていった

総合演習
（自動詞・他動詞、（さ）せる、（ら）れる）　　（pp. 72～78）

I．
1．出し（て）、伝える、使われ　　2．読まれる／読む、悩ませる

3．建てられた／建った、建てた、導かれ、置かれる／置かれた
4．入っている、入れる、用いる／用いられる、
　　並べられる／並ぶ／並んでいる
5．やらせ／やらせてくれ、割られ、やらせない、手伝わせ、言われた、
　　手伝ってもら、要求され（て）、させられる、起き／起こっ

Ⅱ．
1．と－思われ、と－言われ、を－食べる、を－求め、を－売る／が－売られる、を－食べさせる／が－食べられる、に－入っ、に－入っ／に－入れられ、に－変わって／に－変えられて／に－変えて、と－呼ばれる／と－呼ぶ／と－呼ばれている、に－伝わり／に－伝えられ、を－扱う、続き、見／見られ
2．と－呼び／と－呼ばれ、飲む、を－使い／が－使われ、を－入れる、入れ

Ⅲ．
1．＜会話＞a、c、a／c、b／c、c、c／b
　　＜書物＞b、b／c／a、a、b／c、c／a、c／a、
　　　　　　b／c、c／b、b／c、c／b

Ⅳ．
1．決められ、出た／出された、伝わっ／伝えられ　　問　a．
2．運営されていた、働かせて　　問１．２　　問２．３
3．愛用される／愛用する、付けられた、望まれた　　問１．童名（○○丸）
　　問２．２．　　　　　　　　　　　　　　　　　　　　わらわな
4．言われる、相手にされ、馬鹿にされ、片づけられ、言われ、伝わる／伝えられる
　　問　①a．②b．
5．リードされ、リラックスさせる、やらせ、リードさせ、リードさせ、
　　理解し／理解され、やらせて、受け取られる
　　　問１．①b　　②a　　③b　　問２．④b　　⑤d